TABLEAU

CHRONOLOGIQUE

DE L'HISTOIRE MODERNE.

TABLEAU

CHRONOLOGIQUE

DE L'HISTOIRE MODERNE.

PAR M. MICHELET,

PROFESSEUR D'HISTOIRE AU COLLÉGE DE SAINTE-BARBE.

PARIS,

Chez Louis Colas, Libraire, rue Dauphine, n. 32.
DONDEY-DUPRÉ PÈRE ET FILS, rue St.-Louis, n. 46, au Marais.

1825.

IMPRIMERIE DE DONDEY-DUPRÉ.

Dans l'histoire ancienne, deux peuples dominateurs occupent la scène tour à tour. Il y a généralement unité d'action et d'intérêt. Cette unité, difficile à saisir dans le moyen âge, reparaît dans l'histoire moderne, malgré la multiplicité des acteurs, et la complication des faits. C'est ce caractère de l'histoire moderne, si propre à en faciliter l'étude, que l'on s'est attaché à rendre sensible dans ce Tableau, autant que le comportait la forme de l'ouvrage.

L'histoire du moyen âge et l'histoire moderne ne peuvent être divisées avec précision. M. Desmichels, dans son savant *Tableau chronologique de l'Histoire du Moyen Age*, a souvent été obligé de suivre la première assez loin dans la seconde. Au risque de provoquer une comparaison dangereuse, on a copié ce qu'il était impossible de refaire. (Voyez pag. 8 , *Russie ;* pag. 11, les huit dernières lignes ; pag. 22 et 23, et chapitre VII *passim.*) L'auteur eût sonhaité pouvoir reconnaître aussi tout ce que cet ouvrage doit aux conseils de ses collègues, et aux ouvrages de quelques savans étrangers: s'estimerait heureux que ce *Tableau chronologique* fût regardé comme le complément de l'*Histoire moderne* de M. Ragon , qui , avant d'être entièrement publiée , est déjà le manuel indispensable de tous ceux qui enseignent ou étudient cette partie de l'histoire.

TABLEAU

CHRONOLOGIQUE

DE L'HISTOIRE MODERNE.

L'HISTOIRE Moderne comprend trois siècles et demi, depuis la chute de l'empire d'Orient jusqu'à la Révolution française, 1453-1789. On peut la diviser en trois grandes périodes, dont chacune prépare le développement de la suivante. I. Depuis la chute de l'empire d'Orient jusqu'à la Réforme, 1453-1517. — II. De la Réforme au traité de Westphalie, 1517-1648. — III. Du traité de Westphalie à la Révolution française, 1648-1789. — La première période est commune au moyen âge et à l'âge moderne.

PREMIÈRE PÉRIODE.

Depuis la chute de l'empire d'Orient jusqu'à la Réforme, 1453-1517.

Cette période mitoyenne est moins caractérisée que les deux autres; les événemens y présentent un intérêt moins simple, une liaison moins facile à saisir. Cependant, après avoir considéré en général l'état de l'Europe, au milieu du quinzième siècle (chapitre Ier), nous pouvons isoler d'abord l'histoire du Nord et de l'Orient (chap. II) , pour suivre sans distraction les révolutions des états Occidentaux. Nous voyons alors l'Angleterre, le Portugal, mais surtout l'Espagne et la France, prendre une grandeur imposante, soit par leurs conquêtes dans les pays récemment découverts (chap. IV et V), soit par la réunion de toute la puissance nationale dans la main des rois (chap. III, VI, VII). C'est dans l'Italie que ces forces nouvelles doivent se développer par une lutte opiniâtre. Il faut donc observer comment l'Italie fut ouverte aux étrangers (chap. VIII), avant d'assister aux commencemens (chap. IX) de la lutte dont elle doit être le théâtre dans cette période et dans la suivante.

CHAPITRE PREMIER.

Tableau de l'Europe vers le milieu du XVe siècle.

§ I. *Tableau de la Civilisation.*

Le commerce et l'industrie, nés depuis deux siècles, sont encore le privilége d'un petit nombre de pays. *Commerce maritime:* sur la Baltique, ligue Hanséatique; dans la Méditerranée, Venise, Gênes, Florence, Barcelonne, Marseille. *Commerce par terre :* négocians lombards: Pays-Bas et villes libres d'Allemagne, entrepôts du Nord et du Midi. *Industrie manufacturière* des mêmes peuples, surtout des Pays-Bas.

Renaissance des lettres et des arts , surtout en Italie. L'antiquité retrouvée ; l'enthousiasme de l'érudition

arrête quelque tems le 'développement du génie moderne.

Nouvel essor de l'esprit humain au quinzième
siècle. Invention de l'imprimerie (1436, 1452). Usage
plus fréquent de la poudre à canon et de la boussole.
Découvertes des Portugais.

§ II. *Tableau politique.*

1° *Situation intérieure des principaux états.* Peuples
d'origine germaine, peuples d'origine slave. Chez les
premiers, soumis seuls au régime féodal, une bour-
geoisie libre s'est élevée à la faveur des progrès de
l'aisance et de l'industrie, et commence à soutenir les
rois contre les grands.

La féodalité a triomphé dans l'empire depuis le
grand interrègne ; elle humilie les rois en Castille ;
elle prolonge son indépendance dans le Portugal occupé des guerres et des découvertes d'Afrique ; dans
les trois royaumes du Nord livrés à l'anarchie depuis
l'union de Calmar ; en Angleterre, à la faveur des
guerres des Roses ; à Naples au milieu des querelles
des maisons d'Aragon et d'Anjou. Mais les rois l'attaquent déjà en Ecosse ; en France, Charles VII,
vainqueur des Anglais, en prépare l'abaissement par
ses institutions ; et, avant la fin du siècle, les règnes
de Ferdinand-le-Catholique, de Jean II, de Henri VII,
de Ferdinand Ier (de Naples), et de Louis XI, éle-
veront le pouvoir royal sur les ruines de la féodalité.

L'Italie se détache de ce tableau. Lorsque les autres états tendent à l'unité, elle reste divisée. Les papes fondent de nouveau leur puissance temporelle dans l'état romain. Petits princes de Lombardie et de Romagne. Milan change de dynastie. Florence, sous les Médicis, se croit toujours une république. Venise, maîtresse des mers. Gênes affaiblie par ses divisions.

Les deux grands peuples slaves présentent une opposition qui nous révèle leur destinée. La Russie devient une, et sort de la barbarie. La Pologne prépare sa longue anarchie en changeant de constitution.

2° *Relations des principaux états entr'eux.* La république européenne n'a plus cette unité d'impulsion que la religion lui donna à l'époque des croisades ; elle n'est pas encore nettement divisée comme elle le sera par la Réforme. Elle se trouve partagée en plusieurs groupes, qui suivent la position géographique des états autant que leurs relations politiques : l'Angleterre avec l'Ecosse et la France ; l'Aragon avec la Castille et l'Italie ; l'Italie et l'Allemagne avec tous les états (directement ou indirectement) ; les trois royaumes du Nord, et la Russie, forment deux mondes à part ; la Turquie se lie avec la Hongrie ; celle-ci avec la Bohême et l'Autriche ; la Pologne forme le lien commun de l'Orient et du Nord, dont elle est la puissance prépondérante.

Les états Occidentaux, la plupart agités au-dedans, se reposent des guerres étrangères.

Au Nord, la Suède enchaînée depuis soixante ans au Danemarck, rompt l'union de Calmar ; la Russie s'affranchit des Tartares ; l'ordre Teutonique devient vassal de la Pologne.

Tous les états Orientaux sont menacés par les Turcs ; l'empire grec a succombé ; Jean Huniade, à la tête des Hongrois, défend seul la chrétienté ; l'Empereur, tout occupé de fonder la grandeur de sa maison, l'Allemagne de réparer les maux des guerres politiques et religieuses, semblent oublier le danger.

CHAPITRE II.

Orient et Nord de l'Europe. [Turquie, 1453-1520 ; Hongrie, Bohême, Autriche, 1444-1516 ; Pologne, Prusse, 1444-1506 ; Russie, 1462-1505 ; Danemarck, Suède et Norwége, 1448-1513].

§ I. *Turquie,* 1453-1520.

Tableau de l'empire des Turcs vers le milieu du quinzième siècle. — Causes de leur agrandissement : 1° Esprit fanatique et militaire ; 2° troupes réglées opposées aux milices féodales ; institution des janissaires ; 3° situation particulière de leurs ennemis : à l'Orient, troubles politiques et religieux de la Perse, faibles fondemens de la puissance des Mamelucs ; à l'Occident, discordes de la chrétienté ; la Hongrie, la défend du côté de la terre, Venise du côté de la mer, mais elles sont affaiblies, l'une par l'ambition de la maison d'Autriche, l'autre par la jalousie de toute l'Europe ; héroïsme impuissant des chevaliers de Rhodes, et des princes d'Albanie.

Jusqu'à la mort de Soliman le Grand, en 1571, la puissance des Turcs s'étend; la grandeur personnelle des monarques et le besoin de la conquête concentrent le pouvoir dans la main des sultans. Depuis Soliman, les Turcs ne font plus de conquêtes importantes ni durables ; la violence des janissaires domine le gouvernement.

1453, Prise de Constantinople. 1456, MAHOMET II est arrêté par Jean Huniade, qui le repousse de Belgrade. — 1456-1462. Conquêtes de la Servie, du duché d'Athènes, du Péloponèse et de Trébisonde. Invasion de la Bosnie, de la Valachie et de la Moldavie.

1463-1479, Guerre contre les Vénitiens. Conquête de Négrepont. Ravages du Frioul. Les Vénitiens cèdent leurs conquêtes et se soumettent au tribut. — 1466, Croisade projetée par Pie II. 1471, Traité de Paul II et des Vénitiens avec Ussum Cassan. 1473, Défaite des Persans. 1443-1478, Guerres d'Albanie. Victoires de Scanderbeg. Reddition de Croïa, 1478.

1475, Caffa enlevée aux Génois. Anéantissement des colonies commerciales de la mer Noire. Khans de Crimée [1475-1783].

1480, Siége mémorable de Rhodes. Prise d'Otrante. 1481, Mort de Mahomet II.

1481-1511, BAJAZET II. Défaite de Gem ou Zizim. La ruine des Mamelucs d'Egypte préparée par la dépopulation de la Circassie. 1489, Réduction de la Bosnie et de la Croatie. 1499-1503, Guerre contre les

Véniliens. Diversions des Hongrois et des Persans.
— Révoltes des fils de Bajazet.

1511-1520, SÉLIM Iᵉʳ. Révolution de la Perse;
dynastie des sophis. Victoire de Sélim sur les Persans,
et acquisition de Diarbekir, 1516. — 1517, Conquête de la Syrie et de l'Egypte sur les Mamelucs
[Venise perd le commerce de l'Orient]. 1520, Mort
de Sélim Iᵉʳ. Avénement de SOLIMAN le Grand.

§ II. *Hongrie, Bohême, Autriche.* 1444-1516.
(Voyez p. 3, 4 et 5.)

1444, WLADISLAS VI, roi de Hongrie et de Pologne, défait et tué par les Turcs à Varna. Prétentions
de l'empereur Frédéric III. 1444-1453, Jean Huniade et Georges Podiebrad gouvernent et défendent
la Hongrie et la Bohême. 1453-1458, LADISLAS *le
Posthume* réunit ces deux couronnes et l'archiduché
d'Autriche; régences de Huniade, de Podiebrad et du
comte de Cilley. Exploits de Huniade.

1458, PODIEBRAD, roi de Bohême; MATHIAS COR-
VIN (fils de Huniade), roi de Hongrie; l'Autriche
est partagée. Podiebrad et Mathias repoussent Frédéric III. — Mathias combat les Turcs avec gloire.
— 1468-1478, Excité par Paul II, il veut réunir la
Bohême à la Hongrie, et obtient de WLADISLAS (fils
du roi de Pologne), successeur de Podiebrad, la
Moravie, la Silésie et la Lusace. — 1477-1485, Mathias Corvin envahit les états héréditaires de Frédé-

ric III. — 1490, Mort de Mathias. Grandeur de la Hongrie sous son règne.

1490-1493, WLADISLAS, roi de Bohême et de Hongrie ; MAXIMILIEN, archiduc d'Autriche. La Hongrie, sous Wladislas, est dépouillée de ses conquêtes, livrée à l'anarchie, et ravagée par les Turcs. 1516, LOUIS II succède aux deux couronnes de son père. — 1500,1503. Maximilien s'agrandit par les successions de Goritz et de Bavière; par une double alliance (1515,1521) avec la Hongrie, il prépare la grandeur de la maison d'Autriche.

§ III. *Pologne, Prusse,* 1444-1506. — *Russie,* 1462-1505. (Voyez p. 3, 4 et 5).

Pologne et Prusse. Gloire des Jagellons. 1444-1492, CASIMIR IV, successeur de Wladislas VI. Décadence de l'ordre Teutonique. Casimir protége les Prussiens révoltés. 1466, Traité de Thorn: l'ordre perd la Prusse occidentale, et devient vassal de la Pologne pour la Prusse orientale. 1467, Première convocation des *Nonces.* 1471, Wladislas, fils aîné de Casimir IV, roi de Bohême. 1490, Son frère, Jean Albert, lui dispute la succession de Hongrie. 1492-1501, JEAN ALBERT. Guerre contre les Turcs. 1501 - 1506, ALEXANDRE. Nouvelle réunion de la Lithuanie. Guerre contre les Russes et les Tartares. 1506, SIGISMOND Ier.

Russie. 1462-1505, IWAN III *Wasiliewitch,* successeur de Wasili III. Soumission de la république de Novogorod, 1469. Défaite et mort d'Achmet, dernier khan du Kapschak, vers 1480. Iwan réunit à son empire la principauté de Kasan, et prend le titre de Tzar, 1487. Il élève des prétentions sur Constantinople, du chef de sa femme Sophie Paléologue. Premières lueurs de civilisation en Russie. — 1505- WASILI III Iwanowitch.

§ IV. *Danemarck, Suède et Norwège.* [1448-1513.]

Ces royaumes étaient électifs. En Danemarck, prépondérance croissante des nobles; abaissement progressif des paysans. En Suède, richesse du clergé; il favorise le parti danois; puissance des archevêques d'Upsal; les paysans forment un ordre politique. Antipathie nationale, malgré l'origine commune. Dans les révolutions des trois royaumes, la Norwège suit ordinairement le sort du Danemarck.

[1395, Union de Calmar. Gouvernement des Danois].

1448, Rupture de l'union. Les sénateurs danois appellent au trône CHRISTIERN, premier de la maison d'Oldenbourg; les états de Suède, CHARLES VIII Canutson.

Charles Canutson chassé deux fois par l'archevêque d'Upsal et par les Danois. 1557-1469, Réunion de la Suède et du Holstein au Danemarck.

1470-1520, La Suède sous l'administration des STURE. Talens et popularité des administrateurs. 1497-1501, La Suède reconnaît momentanément

JEAN II, roi de Danemarck et de Norwège, qui avait succédé à Christiern Ier, son père, en 1481.

1513-1523, CHRISTIERN II, fils de Jean, lui suc-cède en Danemarck et en Norwège.

CHAPITRE III.

Espagne [1454-1515] et Portugal [1438-1521].
Histoire intérieure de la Péninsule.

§ I. *Espagne*, 1454-1515.

L'Espagne, encore faible et divisée de 1454 à 1479, tend à former un seul corps de nation dans le reste de cette période; les royaumes chrétiens sont réunis, le royaume musulman est conquis. L'Espagne étend son influence au dehors, et devient la rivale de la France.

Grenade, Castille, Aragon, Navarre. — Faiblesse du pouvoir royal. Cortès composées des députés du haut-clergé, de la noblesse et des communes. Grand conseil de Castille; Justiza d'Aragon. Magistrats municipaux.

1458-1479, JEAN II succède à ALPHONSE V en Aragon. Il garde la couronne de Navarre qui appartient à son fils Charles de Viane. 1466-1470, révolte des Catalans. — Jean, pour soutenir les mécontens de Castille contre leur roi, engage à Louis XI le Roussillon; il essaie deux fois de le reprendre.

1454-1474, HENRI IV, roi de Castille, méprisé de ses sujets. Les rebelles, appuyés par l'Aragon, mettent à leur tête l'infant ALPHONSE, frère du roi, et déposent solennellement Henri IV, en 1465. Bataille indécise de Medina del Campo. ISABELLE, déclarée héritière de la couronne, épouse Ferdinand d'Aragon, et succède à son frère, en 1474; FERDINAND hérite de son père l'Aragon et la Sicile, en 1479.

1492, Conquête du royaume de Grenade et fin de la domination musulmane en Espagne. Mariage de Jeanne, héritière d'Espagne, avec Philippe-le-Beau, souverain des Pays-Bas, et fils de l'empereur Maximilien. 1504, Mort d'Isabelle. 1504-1506, PHILIPPE-LE-BEAU, roi de Castille. 1506-1515, Ferdinand régent de Castille. Ministère de Ximenès. 1512, Réunion du royaume de Navarre. 1515, Mort de Ferdinand *le Catholique*, qui laisse les royaumes d'Espagne réunis à CHARLES-QUINT, son petit-fils, souverain des Pays Bas.

Administration de Ferdinand et d'Isabelle. Gouvernement séparé. But commun : affermissement du pouvoir monarchique, unité politique et religieuse de l'Espagne.

Ferdinand et Isabelle s'attachent à réprimer l'indépendance des barons et à restreindre les priviléges de la nation. Pour y parvenir, ils dépouillent les seigneurs des biens illégalement acquis, réunissent à la couronne les grandes maîtrises, et font concourir à leur puissance la sainte-hermandad qu'ils dénaturent, et l'inquisition qu'ils établissent en 1480. 1492, Expulsion des juifs; conversion forcée des Maures.

§ II. *Portugal.* 1438-1521.

Le Portugal devient la première puissance maritime ; il obtient quelques succès en Afrique ; mais il échoue dans ses tentatives sur l'Espagne, dont la grandeur croissante doit, vers la fin de cette période, lui ôter toute importance politique, et en quelque sorte l'isoler de l'Europe jusqu'à ce qu'elle l'engloutisse.

1438-1481, ALPHONSE V *l'Africain*, successeur de Jean Ier. 1471, Conquêtes d'Arzile et de Tanger, en Afrique. 1474-1479, Guerre malheureuse contre Ferdinand et Isabelle.

1481-1495, JEAN II. Il abaisse les grands par l'exécution du duc de Bragance et l'assassinat du duc de Viseu. — 1495-1521, EMMANUEL *le Fortuné*. 1496, Expulsion des juifs.

CHAPITRE IV.

Découvertes et colonies des modernes. — Découvertes et établissesemens des Portugais dans les deux Indes, 1412-1582.

§ I. *Découvertes et colonies des modernes.*

Principaux motifs qui ont déterminé les modernes à chercher de nouvelles terres et à s'y établir. 1° Esprit guerrier et aventureux, désir d'acquérir par la conquête et le pillage ; 2° esprit de commerce, désir d'acquérir par la voie légitime des échanges ; 3° esprit religieux, désir de conquérir les nations idolâtres à la foi chrétienne, ou de se dérober aux troubles de religion.

La *fondation des principales colonies modernes* est due à quatre peuples qui ont eu successivement l'empire des mers : aux Portugais et aux Espagnols (quinzième et seizième siècles), aux Hollandais (dix-septième siècle), et aux Anglais (dix-septième et dix-huitième siècles). La France se place immédiatement après ces peuples. — Les colonies des Espagnols eurent primitivement pour *objet* l'exploitation des mines; celles des Portugais le commerce et la levée des tributs imposés aux vaincus ; celles des Hollandais furent essentiellement commerçantes ; celles des Anglais, à la fois commerçantes et agricoles.

La *principale différence entre les colonies anciennes et les modernes*, c'est que les anciennes ne restaient unies à leur métropole que par les liens d'une sorte de parenté; les modernes sont regardées comme la propriété de leur métropole qui leur interdit le commerce avec les étrangers.

Résultat direct des découvertes et des établissemens des modernes; le commerce change de forme et de route. Au commerce de terre est généralement substitué le commerce maritime; le commerce du monde passe des pays situés sur la Méditerranée aux pays occidentaux. — Les *résultats indirects* sont innombrables; le plus important est le développement des puissances maritimes.

Principales routes du commerce pendant le moyen âge :

dans là première moitié du moyén âge, les Grecs faisaient le commerce de l'Inde par l'Égypte, puis par
le Pont-Euxin et la mer Caspienne; dans la seconde,
les Italiens le faisaient par la Syrie et le golfe Per-
sique, enfin par l'Égypte. — *Croisades.* — *Voyages*
de Benjamin de Tudela, de Rubruquis, de Marco-
Paolo, et de John Mandeville, de 1160 à 1322.

Au commencement du quatorzième siècle l'Espagne
découvre les Canaries.

§ II. *Découvertes et établissemens des Portugais dans les*
deux Indes. 1412-1582.

Situation du Portugal au commencement du quinzième siècle. Resserré par les puissances de l'Espagne, et toujours en guerre avec les Maures, il
tourne son ambition du côté de l'Afrique. Grand
caractère de l'infant don Henri, troisième fils de
Jean Ier.

1412, Cap *Non* franchi. 1419, Découverte de
Madère. Navigation autour du cap Bajador, du cap
Vert. 1448, Découverte des Açores ; 1462, des îles
du cap Vert ; 1484, du Congo.

1485-1486, Voyages et découvertes de Covillam
et de Payva, qui pénètrent par l'Égypte dans l'Abys-
sinie et dans l'Inde. — Barthélemi Diaz achève la découverte de la côte occidentale de l'Afrique, et touche
le cap de Bonne-Espérance, 1486.

[1492, Découverte du Nouveau-Monde]. 1493,
1494, lignes de *marcation*, de *démarcation*.

1497-1498, Expédition de Vasco de Gama. Il double le cap de Bonne-Espérance et découvre la côte orientale de l'Afrique. Jalousie des Maures en possession du commerce de l'Inde. — Tableau géographique et politique de l'Inde, lors de l'arrivée des Portugais. Vasco aborde à Calicut, sur la côte de Malabar.

1500, Alvarès Cabral découvre le Brésil en allant aux Indes orientales.

Premières guerres des Portugais dans l'Inde. 1505-1515, Alméida et le grand Albuquerque, premiers vice-rois, fondent l'empire des Portugais dans les Indes et en Afrique. 1507, Conquête d'Ormus. 1508, Guerre contre Venise et le soudan d'Égypte. 1510, Prise de Goa, qui devient la capitale des établissemens portugais. 1511, Conquête de la presqu'île de Malaca et des Moluques. — 1518, Soumission de Ceylan. 1517, Premières relations avec la Chine; 1542, avec le Japon.

Tableau de la puissance portugaise dans l'Asie et dans l'Afrique. Chaîne de places fortes et de comptoirs. — Causes principales de décadence : 1º éloiment des conquêtes; 2º faible population du Portugal peu proportionnée à l'étendue de ses établissemens; l'orgueil national empêche le mélange des vainqueurs et des vaincus; 3º amour du brigandage substitué à l'esprit de commerce; 4º désordres de l'administration coloniale; 5º monopole de la couronne; 6º les Portugais se contentaient de transporter les marchandises à

Lisbonne, et ne les distribuaient pas dans l'Europe.

La décadence est retardée par deux héros, Jean de Castro, 1545-1548 ; et Ataïde, 1568-1572. — Castro délivre Diu. — Ataïde repousse et remet sous le joug tous les rois de l'Inde révoltés.

1572, La division de l'Inde en trois gouvernemens affaiblit encore la puissance portugaise. — 1581, A la mort de Sébastien et de son successeur le cardinal Henri, l'Inde portugaise suit le sort du Portugal et passe entre les mains de Philippe II.

CHAPITRE V.

Découvertes et conquêtes des Espagnols à la fin du xve siècle, et dans la première moitié du xvie.

Division. I. 1492-1504, découvertes de Christophe Colomb ; II. 1504-1550, conquête du Mexique, du Pérou ; autres découvertes et conquêtes ; III. destruction des naturels de l'Amérique ; tableau des colonies espagnoles en Amérique ; leur administration.

I. Christophe Colomb, pilote génois, au service du Portugal, conçoit l'idée d'aller aux Indes par l'Occident.

Il s'adresse inutilement à Gênes, au roi de Portugal Jean II, au roi d'Angleterre Henri VII. Au bout de huit ans de sollicitations auprès de la cour d'Espagne, il obtient trois vaisseaux d'Isabelle, reine de Castille.

1492, 12 octobre, DÉCOUVERTE DU NOUVEAU-MONDE. Colomb touche d'abord à San-Salvador, une des Lucayes ; il trouve ensuite plusieurs autres îles, Cuba, Haïti, etc.

1493-1495, *Second voyage.* Il découvre la Dominique, la Guadeloupe, Porto-Ricco, la Jamaïque, etc Les Indiens révoltés sont soumis par Colomb.

1498-1500, *Troisième voyage.* Colomb découvre le continent de l'Amérique à l'embouchure de l'Orénoque. Il est envoyé en Espagne chargé de fers. — Amerigo Vespucci donne son nom au Nouveau-Monde.

1501-1504. *Quatrième voyage.* Colomb devine la forme de l'Amérique et l'existence de la mer Pacifique. Il cherche un passage vers cette mer. 1504, Retour et mort de Colomb.

II. 1° *Amérique septentrionale*, 1504-1521. [Les Portugais avaient découvert la terre de Labrador et Terre-Neuve. Les Anglais découvrent toutes les côtes depuis la terre de Labrador jusqu'à la Floride.] 1508-1518, Les Espagnols découvrent en quatre expéditions les côtes de la Floride, du Yucatan et du Mexique.

1518-1521, *Conquête du Mexique.* 1518, Vélasquez, gouverneur de Cuba, envoie au Mexique une expédition commandée par Cortez.

Grandeur de l'empire du Mexique. Gouvernement analogue à la féodalité européenne. Religion sanguinaire. Civilisation : écriture symbolique, astronomie, médecine; richesse et industrie de Mexico, écoles publiques, jardin des plantes.

Cortez, vainqueur de la république de Tlascala, s'en fait une alliée, et marche vers Mexico. Il s'empare de la personne de Montezuma. Jalousie de Vélasquez. Cortez contient Mexico, et bat l'armée de Vélasquez.

Les Espagnols assiégés dans Mexico. Gatimozin succède à Montezuma. Mexico, tout l'empire et les contrées voisines, tombent au pouvoir de Cortez, 1521. Il meurt disgracié.

2º *Amérique méridionale*, 1509-1567. — 1509, Fondation de Sainte-Marie dans le Darien. 1513, Balboa découvre l'Océan du sud. — La côte orientale est suivie jusqu'à la Plata.

1519-1522, Magellan entreprend le premier voyage autour du monde; il tourne l'Amérique méridionale, et traverse l'Océan Pacifique. Un de ses cinq vaisseaux revient seul en Europe par le cap de Bonne-Espérance.

1524-1533, *Conquête du Pérou*. État de cet empire à l'époque de sa découverte. Culte du soleil ; gouvernement théocratique, Incas. Esclavage de la plus grande partie du peuple. Cusco, Quito ; grande route. Chants nationaux. Arts peu avancés, point de fer, nulle autre bête de somme que le lama ; nul usage de la monnaie.

Pizarre, Almagro. 1524-1526, Lenteur et difficul-

tés du voyage. — Divisions des Péruviens ; leurs
conjectures superstitieuses sur le but des Espagnols.—
1532, Pizarre se rend maître, par trahison, de la
personne d'Atahualpa ; l'Inca est mis à mort. — Conquête du Pérou malgré la résistance d'un frère de
l'Inca. 1535, Fondation de Lima. Révolte générale
des Péruviens.

Guerres civiles du Pérou. Almagro, d'abord vainqueur
des troupes de Pizarre, est défait, pris et mis à
mort, 1538. — 1541,· Pizarre assassiné par le jeune
Almagro. Vaca de Castro bat celui-ci, le fait décapiter
et rétablit l'ordre.

1542, Charles-Quint déclare les Indiens libres.
Révolte contre le vice-roi, Nugnez Vela, vaincu et
tué par Gonzalo Pizarre. —1546, Pedro de la Gasca,
ecclésiastique, sans titre, sans escorte, réduit Pizarre,
et étouffe la guerre civile.

*Découvertes et établissemens divers dans l'Amérique
méridionale.* 1540, Entreprise de Gonzalo Pizarre,
pour découvrir les pays à l'est des Andes ; Orellana
descend la rivière des Amazones, par une navigation
de deux mille lieues. — Établissemens : 1527, province de Vénézuéla ; 1535, Buenos-Ayres ; 1536,
province de Grenade ; 1540, Sant-Iago ; 1550, la
Conception ; 1555, Carthagène et Porto - Bello ;
1567, Caraccas.

III. 1° *Destruction des Naturels de l'Amérique.*
Cupidité aveugle des colons espagnols ; leur barbarie
1494, premiers tributs. 1499, *repartimientos.* Dépo-

pulation d'Haïti. — Isabelle ordonne en vain la dé-
livrance des Indiens. Les dominicains réclament en
leur faveur.

1516-1520. Courage opiniâtre et éloquence de
Las Casas, *protecteur des Indiens*. Ses deux premiers
voyages en Europe. Jugement des Hiéronimites;
épreuve de Figueroa. Las Casas offre d'établir sur
la côte de Cumana une colonie de laboureurs, et
plaide solennellement devant Charles-Quint la cause
des Indiens. 1520, sa colonie est détruite. — La
dépopulation s'étend entre les tropiques.

1542, sur les nouvelles réclamations de Las Casas,
Charles-Quint garantit aux Indiens la liberté personnelle en déterminant les tributs et services auxquels ils restent assujettis.

2° *Tableau de l'empire espagnol en Amérique.* Si
l'on excepte le Mexique et le Pérou, l'Espagne ne
possédait réellement que des côtes. Les peuples de
l'intérieur ne pouvaient être soumis qu'à mesure
qu'ils étaient convertis par les missions, et attachés
au sol par la civilisation.

Administration. Gouvernement politique : en Espagne, conseil des Indes, et cour de commerce et de
justice ; en Amérique, deux vice-rois, audiences,
municipalités. Caciques, et *protecteurs* des Indiens. —
Gouvernement ecclésiastique (entièrement dépendant
du roi) : archevêques, évêques, curés ou doctri-
naires, missionnaires, moines. — Inquisition établie
en 1570 par Philippe II.

Administration commerciale. Monopole. Ports privilégiés de la Vera-Cruz, et de Carthagène et Porto-Bello, en Europe, de Séville; flotte et galions. L'agriculture et les manufactures sont négligées en Espagne et en Amérique pour l'exploitation des mines; lent accroissement des colonies, et ruine de la métropole avant 1600. Mais dans le cours du seizième siècle, l'énorme quantité de métaux précieux que l'Espagne doit tirer de l'Amérique, contribuera à en faire la puissance prépondérante de l'Europe.

CHAPITRE VI.

Angleterre, 1445-1509. [Guerre des deux Roses]. — Écosse, 1437-1542.

§ I. *Angleterre*, 1445-1509.

Division. I. 1445-1461, Fin de la maison de Lancastre; II. 1461-1485, Maison d'York; III. 1485-1509, Établissement de la maison de Tudor.

I. 1445-1461. *Situation de l'Angleterre.* Perte des provinces de France; mécontentement public; imbécillité de HENRI VI; administration impopulaire des ducs de Suffolk et de Sommerset; prétentions de la maison d'York, rivale de celle de Lancastre.

1445. Mariage du roi avec Marguerite d'Anjou; caractère héroïque, mais violent, de cette princesse. Mort tragique du duc de Glocester; indignation publique contre la reine et Suffolk. Les mécontens ont à leur tête Richard d'York appuyé de Warwick le *faiseur de rois*, 1451. Ils demandent le renvoi de Sommerset. Richard protecteur.

1455-1471. *Guerre civile entre les maisons d'York et de Lancastre*, ou *de la Rose blanche et de la Rose rouge*. Affaire Saint-Albans ; la défaite d'Henri VI présage l'issue de la guerre civile. Le roi, fait prisonnier, et ensuite remis en liberté, tombe une seconde fois au pouvoir de Richard, à la bataille de Northampton, 1460. La cause d'York et de Lancastre est plaidée devant le parlement, qui assure le trône à Richard après la mort d'Henri. Victoire de Marguerite, à Wackefield ; le Protecteur est tué. Elle bat encore Édouard, fils de Richard, à Saint-Albans, et délivre son époux.

II. 1461-1485. ÉDOUARD IV est proclamé roi d'Angleterre par le peuple de Londres, et le parlement confirme cette élection après la sanglante bataille de Touton. 1464. La reine réfugiée en Écosse et puis en France, repasse en Angleterre. Bataille d'Exham ; troisième captivité d'Henri VI.

1465, Édouard épouse Élisabeth Gray. Défection de Warwick et du duc de Clarence. Édouard est battu par son frère à Bambury, et par Warwick à Nottingham, en 1470. 1471, Édouard, retiré auprès du duc de Bourgogne, reparaît en Angleterre. Défaite et mort de Warwick à Barnet. Nouvelle victoire d'Édouard, à Teukesbury. Meurtre d'Henri VI et de son fils. Captivité de Marguerite.

Fin d'une guerre qui avait coûté la vie à quatre-vingts princes et à plus d'un million d'hommes. Henri Tudor de Richemont, seul rejeton des Lancastre, par sa mère, se réfugie auprès de François II, duc de Bretagne.

1471-1483. Édouard, paisible possesseur du trône, abandonne le soin des affaires à des favoris. Il fait périr le duc de Clarence. Mort d'Édouard IV; son frère, duc de Glocester, soupçonné.

1483-1485. ÉDOUARD V succède à son père. Son oncle, le duc de Glocester, le fait déclarer bâtard, l'assassine et prend sa place. Courte tyrannie de RICHARD III.

Descente d'Henri Tudor en Angleterre. Les Gallois se déclarent pour lui; Bataille de Bosworth; mort de Richard. — *Fin de la race des Plantagenets.*

III. 1485-1509. *Avénement des Tudors.*—HENRI VII, proclamé roi d'Angleterre après sa victoire, épouse Élisabeth, fille d'Édouard IV, et réunit ainsi les droits des deux maisons rivales.

Le nouveau règne est troublé par les intrigues de la veuve d'Édouard IV, et de la sœur de ce prince, duchesse douairière de Bourgogne. 1486-1487, imposture de Lambert Simnel, qui se fait passer pour le comte de Warwick, neveu d'Edouard IV. 1492-1499, imposture de Perkin, qui se fait passer pour Richard d'York, second fils d'Edouard IV. Il est reconnu par la duchesse de Bourgogne, et accueilli de Charles VIII, roi de France, et de Jacques IV, roi d'Ecosse. Ses tentatives sur l'Angleterre et sur l'Irlande. 1499, imposture de Wilford, qui entraîne la mort du véritable comte de Warwick.

1492, intervention de Henri VII dans les affaires de Bretagne. Traité d'Etaples, honteux pour la France.

1502-1503, le prince de Galles (depuis Henri VIII), épouse Catherine d'Aragon, fille de Ferdinand et d'Isabelle, et veuve de son frère Arthur. Marguerite, fille de Henri VII, épouse Jacques IV, roi d'Ecosse, et porte ainsi dans la maison de Stuart ses droits au trône d'Angleterre.

Lois et réglemens de Henri VII. Il encourage la marine. Expéditions lointaines. Avarice et rapines de ce prince. — Accroissement du pouvoir royal après les guerres civiles sous la maison de Tudor.

1509-1547. HENRI VIII. Avant 1532, voy. le chap. X, et depuis cette année le chap. XI.

§ II. *Écosse,* 1437-1542.

Ce royaume est affaibli par sa rivalité avec l'Angleterre, contre laquelle son alliance avec la France ne peut le soutenir; par cinq minorités successives; surtout par l'anarchie féodale qui s'y prolonge. Caractère particulier de la féodalité en Écosse. Efforts impuissans des Stuarts pour l'abattre.

1437-1460, JACQUES II attaque violemment l'autorité des grands. Il secourt la maison de Lancastre, et périt dans une expédition en Angleterre. — 1460-1488, JACQUES III irrite les grands sans les affaiblir. Nombreuses révoltes. Prétentions du duc d'Albanie. Jacques périt en combattant les rebelles. L'Écosse déchirée ne peut profiter des troubles de l'Angleterre. — 1488-1513, JACQUES IV. Caractère chevaleresque de ce prince, opposé à celui de son prédécesseur. Réconciliation du roi et de la noblesse. 1513, Il fait une diversion en faveur de Louis XII, roi de France, et périt avec toute sa noblesse en combattant Henri VIII à Flowden. — 1513-1542, JACQUES V (Voyez le chap. XI).

CHAPITRE VII.

La France, depuis l'expulsion des Anglais jusqu'à l'expédition de Charles VIII en Italie, 1453-1494.

Cette période peut se subdiviser en quatre parties. I. 1444-1461, Charles VII attaque indirectement la féodalité par ses institutions monarchiques. — II. 1461-1472, Louis XI l'attaque directement dans les intérêts des grands vassaux ; mais avec peu de succès, tant qu'ils peuvent appuyer leurs révoltes du nom de son frère, et que le duc de Bourgogne suit sans distraction son véritable intérêt, l'affaiblissement du roi de France. — III. 1472-1483, La mort de Charles de Guyenne, frère du roi, la folie des nouveaux projets du duc de Bourgogne, qui entraînent sa ruine, laissent le champ libre à Louis ; il démembre la succession de Bourgogne, recueille celle d'Anjou, et réunit douze provinces à la couronne. IV. 1483-1494, Anne de Beaujeu, régente sous Charles VIII, continue le règne de Louis XI, par sa fermeté à l'égard des grands ; elle accable le duc d'Orléans, qui avait repris le rôle de Charles de Guyenne, et réunit la Bretagne. Les étrangers n'ont plus de point d'appui dans le royaume, et la France, désormais redoutable par son unité, devient conquérante pour un demi-siècle.

I. 1444-1461, Situation de la France : les Anglais chassés (1453), et occupés par leurs discordes. — Indépendance des seigneurs, et surtout des deux grands feudataires, les ducs de Bourgogne et de Bretagne. Priviléges des grandes villes.

1444 – 1454 , Institutions monarchiques de CHARLES VII : Première armée permanente. — 1444, Taille perpétuelle (imposée sans l'autorisation des états-généraux).—Création du parlement de Toulouse, et ordonnance pour la rédaction des coutumes. — Politique extérieure (Gênes, Danemarck, Angleterre). — Intrigues du Dauphin absent qui se retire chez le duc de Bourgogne. Chagrins et mort de Charles VII.

II. 1461-1472. Avénement de LOUIS XI. Précipitation de ses premières démarches. Il renvoie les ministres de son père, et révoque la pragmatique-sanction. — Acquisition temporaire du Roussillon et des villes de la Somme. — Louis veut abaisser les grands feudataires et ne fait que les irriter. Assemblées de Rouen et de Tours.

1464-1465. Ligue du *bien public*, formée par lés ducs de Bourgogne, de Bretagne, de Berri, de Bourbon, de Calabre, d'Alençon, de Nemours, le comte d'Armagnac et Dunois. Caractère du comte de Charolais, fils du duc de Bourgogne. Louis est soutenu par les bourgeois contre les grands. Il accable d'abord le duc de Bourbon. Bataille indécise de Montlhéri. Les confédérés désunis par les intrigues du roi.

1465, Traité de Conflans avec le comte de Charolais (il lui rend les villes de la Somme, et fait Saint-Pol connétable), et de Saint-Maur avec les princes (il donne à son frère la Normandie). Trente-six notables doivent travailler au *bien public*.

Les traités de Conflans et de Saint-Maur ne sont exécutés ni à l'égard du peuple, ni à l'égard des princes. — Assemblée des notables bientôt dissoute (1466). — 1465-1468. Louis occupe le duc de Bourgogne par la révolte de Dinant et de Liége, il intimide le duc de Bretagne, et reprend à son frère la Normandie. États de Tours et paix d'Ancenis.

1467, Charles-le-Téméraire succéde à Philippe-le-Bon. Invasion de Charles. 1568, Entrevue de Péronne et captivité du roi. Réduction des Liégeois, et traité de Péronne (par lequel le frère du roi devait avoir la Champagne et la Brie).

Louis XI éloigne son frère du duc de Bourgogne en lui donnant la Guyenne au lieu de la Champagne; il essaie de ramener le duc de Bretagne sous la dépendance de la France, en lui envoyant le cordon de Saint-Michel ; il fait annuller solennellement le traité de Péronne dans l'assemblée des notables à Tours, 1471.

Ambition et intrigues du connétable de Saint-Pol.

1471, Charles-le-Téméraire, Charles de Guyenne, le duc de Bretagne et le duc de Lorraine ligués avec Édouard IV contre Louis. — Le frère du roi meurt empoisonné, 1472. — Charles-le-Téméraire ravage la Picardie, mais il échoue au siége de Beauvais. — Jean II d'Aragon revendique le Roussillon, et s'empare de Perpignan. — Louis XI détache de la ligue le duc de Bretagne. conclut une trève avec le duc de Bourgogne, et fait la paix avec l'Aragon, 1473.

III. 1472-1483. Puissance de Charles-le-Téméraire, possesseur de la Flandre, des Pays-Bas, du duché de Gueldre, des deux Bourgognes, de l'Alsace, etc. Double but de son ambition : 1° il songe à rétablir l'ancien royaume de Bourgogne, en réunissant à ses états la Lorraine, la Provence, le Dauphiné, la Suisse et le Milanais; 2° Il veut démembrer la France de concert avec les Anglais, et conquérir là

Champagne et le Nivernois. L'un de ces projets fit tort à l'autre.

1474-1475, Ayant échoué dans sa négociation avec l'empereur, il s'allie avec Édouard IV. Louis XI oppose à cette alliance celle de Sigismond d'Autriche, de René II de Lorraine et des cantons suisses. Le roi d'Angleterre descend à Calais, mais n'est pas secondé par les Bourguignons. Entrevue de Pecquigny. 1475, Paix honteuse pour la France, bientôt suivie d'une trève avec Charles-le-Téméraire. Supplice de Saint-Pol.

1475-1477, Charles envahit la Lorraine, attaque la Suisse, est défait à Granson et à Morat, 1476. 1477, Sa mort au siége de Nanci.

Louis XI pouvait, en mariant le dauphin à Marie de Bourgogne, acquérir tout l'héritage de Charles-le-Téméraire. Il s'empare de la Bourgogne, de l'Artois et des villes sur la Somme.

1477, Violences des Gantois. Les états de Flandre font la guerre au roi de France, et donnent la main de leur souveraine à Maximilien d'Autriche. Commencement de la rivalité des maisons de France et d'Autriche : origine de la prépondérance de la dernière (augmentée par deux autres mariages, celui de Philippe, fils de Maximilien, avec l'héritière d'Espagne, 1496 ; et celui de Ferdinand, son petit-fils, avec l'héritière de Bohême et de Hongrie, 1521.) Maximilien se prépare à la guerre. Louis XI s'assure des secours du duc de Lorraine et des Suisses, et de la neutralité de l'Angleterre et de l'Aragon. — 1479-1483. Maximilien maître de Cambrai, et vainqueur à Guinegate : les Français envahissent la Franche-Comté. Mort de Marie, laissant deux enfans en bas âge, Philippe-le-Beau et Marguerite. 1482, Traité d'Arras. Fiançailles de Marguerite avec le dauphin Charles. Réunion temporaire de l'Artois et de la Franche-Comté.

1480, 1481, Extinction de la seconde maison d'Anjou par la mort du roi René et de Charles du Maine. Louis XI hérite de l'Anjou, du Maine et de la Provence, et des prétentions des princes angevins sur le royaume de Naples.

1483, Mort de Louis XI ; il laisse la tutelle de son fils Charles VIII à sa fille Anne de Beaujeu. — Caractère de ce prince. — Combien son règne odieux a été utile à la France. — Il consomme la ruine de la haute féodalité en réunissant douze provinces à la couronne (Roussillon et Cerdagne, 1462; Guyenne, 1472 ; Perche, 1474; Picardie, Bourgogne, Barrois, 1477 ; Provence, Maine, Anjou, 1481; Artois, Franche-Comté, 1482). Il limite la juridiction des seigneurs, et fonde le pouvoir monarchique dans l'orient et le midi de la France, par l'institution de trois parlemens (Grenoble, 1451; Bordeaux, 1462; Dijon, 1477). Il abat l'audace des grands dans la personne du connétable de Saint-

Pol, du duc de Nemours et du comte du Perche. Il facilite l'action du gouvernement sur les provinces éloignées, par l'établissement de la poste royale, 1477.

IV. 1483-1494. — Régence d'Anne de Beaujeu. Prétentions de Louis, duc d'Orléans, et de Jean, duc de Bourbon. 1484, États-généraux de Tours. L'administration du royaume est confirmée à la dame de Baujeu, et le duc d'Orléans est nommé président du conseil. Doléances remarquables des trois ordres.

1485, Le duc d'Orléans, retiré à la cour de Bretagne, excite à la guerre le duc François II et Maximilien d'Autriche. Ils sont encouragés par Henri VII et par Ferdinand le Catholique. — 1486, Anne de Beaujeu réduit les rebelles de la Guyenne, menace la Bretagne, et arrête les succès de Maximilien.

1488, Nouveaux mouvemens en Bretagne. Louis d'Orléans vaincu et pris à Saint-Aubin. Mort de François II. — 1491, Charles VIII renonce à Marguerite d'Autriche, fille de Maximilien, pour épouser Anne, héritière de Bretagne, qui, à son tour, rompt ses fiançailles avec Maximilien. Première réunion du duché de Bretagne.

1491-1493. Maximilien se ligue avec Henri VII et Ferdinand le Catholique contre la France. Charles, pressé de porter ses armes en Italie, rend à Ferdinand le Roussillon et la Cerdagne, à Maximilien, l'Artois et la Franche-Comté, et s'engage à continuer la pension que Louis XI payait au roi d'Angleterre.

1494. Commencement des guerres d'Italie.

~~~~~~~~~~~~~~~~~~~~~~~~~~~~~~~~~~~~

CHAPITRE VIII.

L'Italie, depuis la paix de Lodi jusqu'à l'expédition de Charles VIII. (1454-1494.)

Tableau de l'Italie au milieu du XVe siècle. L'Italie riche et florissante par les arts, mais divisée entre un grand nombre de princes, a perdu l'esprit militaire, et doit bientôt perdre l'indépendance nationale. — Essais d'un système d'équilibre, mais point de centre bien déterminé. Politique incertaine et perfide. — Petites guerres interminables; les *Condottieri* se font de la guerre un jeu lucratif.

Au nord, Venise et Gênes; au milieu, Florence et quelques autres villes de Toscane, sont les seules républiques qui subsistent; encore Florence ne conserve guères que les formes républicaines; Gênes, déchirée par les factions, se soumet souvent à des princes étrangers. Venise, toujours plus puissante tend à s'agrandir du côté du Milanais et de la Romagne. — Au centre de la Lombardie, s'élève la puissance militaire des ducs de Milan, souvent

maîtres de Gênes, et rivaux de Venise; le reste de
la Lombardie est partagé entre plusieurs seigneurs
qui servent les grandes puissances comme *Condottieri;*
ils sont imités en petit par les tyrans de Romagne.
— L'autorité des papes, plus souvent méconnue en
Italie que dans le reste de l'Europe, s'affermit dans
la ville de Rome, et s'étend peu à peu dans l'état
romain. — Au midi, le plus considérable des états
de l'Italie, le royaume de Naples, est occupé par
un prince espagnol, dont l'autorité est balancée par
celle de ses puissans barons.

I. *Royaume de Naples.* 1435-1454, JEANNE II,
reine de Naples, adopte successivement ALPHONSE
le Magnanime, roi d'Aragon, et Louis d'Anjou.
Guerre entre Alphonse et René, d'Anjou. Succès
divers. 1450-1454, Dans la dernière période de la
guerre, le parti d'Anjou est soutenu par François
Sforce, nouveau duc de Milan, et par Florence,
alors sous la direction de Côme de Médicis; Alphonse
d'Aragon a pour alliée Venise, ennemie de Sforce.
Effroi inspiré par la prise de Constantinople; paix
générale de Lodi, 1454.

Alphonse continue la guerre contre Gênes. Les
Génois défèrent la seigneurie de leur ville au roi de
France; Jean de Calabre, fils de René d'Anjou, les
défend contre Alphonse.

1458, Mort d'Alphonse; son brillant caractère.
FERDINAND lui succède sur le trône de Naples; pré-
-tentions de Calixte III; les barons napolitains ap-

pellent Jean de Calabre. 1459-1464, D'abord vainqueur à Sarno, Jean est chassé de Gênes, et défait à Troïa.

1480, Occupation d'Otrante par les Turcs. 1484, Guerre de Ferdinand contre Innocent VIII et ses barons révoltés ; traité perfide ; le pape appelle en vain les Français.

II. *État romain* : 1447-1455, NICOLAS V protége les savans. Il fait révoquer la pragmatique de Mayence. Conjuration de Porcaro. — 1455-1458, CALIXTE III (Borgia).

1458-1464, PIE II (Sylvius-Æneas-Piccolomini) obtient de Louis XI la révocation de la pragmatique de Bourges, et prépare une croisade.

1464-1471, PAUL II. Guerre contre le duc d'Urbin. — 1471-1484, SIXTE IV (de la Rovère) ; puissance de ses quatre neveux ; guerres contre Florence, contre le duc de Ferrare. — 1484-1492, INNOCENT VIII. — 1492, ALEXANDRE VI.

III. *Florence.* 1434 - 1464, Administration de COME de Médicis, *père de la patrie.* Encouragemens donnés aux lettres et aux arts. Politique trop personnelle. — 1464-1469, PIERRE. Tentative pour rétablir l'ancien gouvernement.

1469-1492, LAURENT (*père des muses*) et JULIEN. Conjuration des Pazzi ; guerre soutenue par Laurent contre Sixte IV et Ferdinand de Naples. Prodigalité de Laurent ; banqueroute de Florence.

IV. *Milan.* 1450-1466, Usurpation et règne bril-

lant du *Condottiere* François Sforce. — 1466-1476,
Tyrannie de son fils Galéas qui meurt assassiné. —
1476-1480, Jean Galéas sous la tutelle de Bonne
de Savoie; sage administration de Simonetta. Ambition de Ludovic le More; il s'empare de larégence,
1480-1492.

V. *Venise.* 1484, Guerre contre Ferrare. Puissance des Vénitiens dans le Levant depuis les croisades. 1463-1479, Guerre contre les Turcs ; perte de
Négrepont ; acquisition de Chypre. Venise devient la
puissance prépondérante de l'Italie.

VI. *Autres États.* Factions de Gênes ; familles des
Doria, Spinola, Grimaldi, Fieschi, des Adorni et Fré-
gosi. Perte de Péra, 1453. Gênes soumise au duc de
Milan, 1464-1478. — Républiques de Sienne et de
Lucques. — Savoie sous l'influence de la France. —
Maisons d'Este à Ferrare, Modène et Reggio ; de
Gonzague à Mantoue ; de Bentivoglio à Bologne ;
de Baglioni à Pérouse ; de Montefeltro à Urbin ;
de Malatesta à Rimini; etc.

État de l'Italie en 1494. Ludovic le More tient
en captivité son neveu Jean Galéas, duc de Milan,
et règne sous son nom. Réclamations de Ferdinand,
roi de Naples, et de son fils Alphonse, beau-père
de Jean Galéas. Ludovic appelle Charles VIII en Italie.

Inaction des trois puissances qui pouvaient s'in-
terposer, du pape Alexandre VI (sa politique versa-
tile) ; de Venise (ses espérances ambitieuses) ; de
Florence (incapacité de Pierre de Médicis, successeur
de Laurent).

CHAPITRE IX.

La France et l'Italie, sous Charles VIII et sous Louis XII.
1494-1515.

Les causes réelles des guerres d'Italie sont :
1° la puissance nouvelle de la France et de l'Espagne,
dont toutes les forces viennent d'être concentrées dans
la main des rois par l'habileté de Louis XI et de
Ferdinand le Catholique. Les deux nations doivent
devenir conquérantes ; la seconde, réunie aux Pays-
Bas, aux états d'Autriche, de Bohême, de Hongrie,
et au Nouveau-Monde, doit l'emporter en Italie.
2° La situation de l'Italie, dont la richesse, les divisions, et la faiblesse morale semblent appeler les
conquérans.

Indépendamment des prétentions que la maison de
France élève au trône de Naples en vertu des droits
de la branche d'Anjou, elle en fait bientôt valoir
d'autres sur le Milanais en vertu des droits de la
branche d'Orléans. Mais un roi d'Espagne, devenu
empereur, lui disputera encore le Milanais, comme
fief de l'empire.

Les guerres d'Italie se divisent en trois périodes,
dans lesquelles elles augmentent toujours d'importance et de durée. Dans la première, sous Charles
VIII, la guerre a pour objet la possession du royaume
de Naples, 1494-1495.—Dans la seconde, Louis XII
occupe et perd le Milanais et le royaume de Naples.
Les Espagnols s'établissent pour deux siècles dans

ce royaume, 1499-1514. — Dans la troisième, François Ier lutte en vain contre Charles-Quint pour la possession du Milanais, 1515-1544. L'influence espagnole s'étend sur toute l'Italie.

1494-1495, *Expédition de Charles VIII en Italie.* Projets chimériques du roi de France. Il confie la régence à la reine et au sire de Beaujeu, et part avec 32,000 hommes — Irrésolution du roi de Naples; sa flotte est repoussée des côtes de Gênes, et son armée du Milanais. Mort de Jean Galéas, et de Ferdinand, roi de Naples. — Charles VIII entre en Toscane. Fermentation de Florence ; prédication de Savonarole. Pierre de Médicis est chassé. Pise secoue le joug de Florence. — Alexandre VI traite avec le roi, et lui remet Zizim. — Alphonse II abdique la couronne de Naples en faveur de Ferdinand II, qui lui-même est forcé de s'éloigner. Charles VIII entre dans Naples.

Mécontentement des grands et du peuple. Ligue de Ludovic, des Vénitiens et d'Alexandre VI avec Ferdinand, Maximilien et Henri VII, contre les Français. — Retour de Charles VIII. Brillante victoire de Fornoue. — Ferdinand II chasse les Français du royaume de Naples avec le secours de Ferdinand le Catholique. — Mais la coalition se dissout. Mort de Charles VIII, en 1498.

Cette ligue presque européenne contre la France offre le premier essai du système d'équilibre.

1498, Avénement de LOUIS XII. Caractère de ce

prince et de son ministre Georges d'Amboise. Louis divorce avec Jeanne de France pour épouser Anne de Bretagne.

Guerres de Louis XII en Italie. I. Avant la ligue de Cambrai, 1499-1508. II. Depuis la ligue de Cambrai, 1508-1515.

I. 1499-1508. Traité de Blois avec Venise pour le partage du Milanais. Ludovic le More n'est secouru d'aucun de ses alliés; les Turcs seuls font une diversion.

L'armée de Ludovic se dissipe, toutes les villes ouvrent leurs portes. Louis XII entre dans Milan. Louis le More, avec une armée de Suisses, reprend le Milanais. Il est livré par les siens à Louis XII.

1500. Ligue secrète de Louis XII et de Ferdinand le Catholique contre Frédéric, roi de Naples. Secours perfide de Gonzalve de Cordoue. Frédéric se remet entre les mains de Louis XII. — 1500-1503. Mésintelligence des vainqueurs au sujet de la Capitanate. Gonzalve bloqué dans Barlette. Louis trompé par le traité de Lyon. Défaite des Français à Séminara, à Cérignoles. Les Espagnols sont maîtres du royaume de Naples, 1503.

Conquête de la Romagne par César Borgia. Mort du pape Alexandre VI. D'Amboise prétend à la tiare, et arrête sous les murs de Rome l'armée qui devait reconquérir Naples, 1503. Exaltation de PIE III, de JULES II (Julien de la Rovère). Les conquêtes de César Borgia reprises par le pape ou envahies par les Vénitiens.

1504-1505. Défaite des Français sur le Garillan. Traités de Blois avec Maximilien et Philippe le Beau, et avec Ferdinand le Catholique. Louis XII promet Claude sa fille au jeune Charles d'Autriche, en lui donnant pour dot le Milanais, la Bretagne et la Bourgogne, et abandonne ses droits sur Naples à Ferdinand, comme dot de sa nièce Germaine de Foix. Louis et Maximilien s'allient contre Venise, pour se partager les possessions continentales de cette république. Les événemens de l'Espagne suspendent l'exécution de cette partie du traité.

1506, États de Tours. Révocation du traité de Blois. Claude de France fiancée au comte d'Angoulême (depuis François Ier). — 1507, Révolte de Gênes, bientôt réprimée par Louis XII.

II. 1508-1515. — Caractère de Jules II. Double but de sa politique : 1° faire de l'état ecclésiastique la puissance prépondérante de l'Italie ; 2° chasser les *barbares* au-delà des Alpes ; le premier de ces projets contraria l'autre.

Richesses et puissance de Venise enviées de tous les souverains. Mécontentemens particuliers de Jules II, de Louis XII, de Maximilien et de Ferdinand.

1508, *Ligue de Cambrai,* seconde coalition européenne, première entreprise suivie de concert dans un but commun par tous les états civilisés. — L'existence de Venise était nécessaire au pape, à la France, et à l'Autriche qui l'attaquaient.

Le résultat immédiat de la guerre qui commence

avec la ligue de Cambrai, est l'agrandissement du pape et l'affermissement de Ferdinand; son résultat lointain est la perte du Milanais pour Louis XII.

1509, Bataille d'Agnadel. Les Français prennent Brescia, Bergame, Crême et Crémone; le pape, Rimini, Ravenne, Faenza; le duc de Ferrare s'empare du Polésin de Rovigo ; Maximilien de Vérone , Vicence et Padoue ; Ferdinand recouvre Trani, Brindes , Otrante, etc.

Prudence et fermeté des Vénitiens. Ils délient leurs sujets du serment de fidélité et promettent de les indemniser. Ils battent le marquis de Mantoue, échouent à l'attaque de Ferrare, mais reprennent Padoue où ils soutiennent contre Maximilien un siége mémorable, et détachent Jules II de la ligue. Le pape, maître de la Romagne, médite l'exécution de son second projet, l'expulsion des *barbares.*

Jules II appelle les Suisses en Italie, et commence la guerre contre les Français. Irrésolution de Louis XII. Concile de Pise ; concile de Latran.

1511, *Sainte Ligue*, formée par le pape (assisté des Suisses), par Ferdinand le Catholique et par les Vénitiens contre Louis XII; Henri VIII et Maximilien y accèdent ensuite.

Gaston de Foix, neveu de Louis, général de l'armée française en Italie. Il fait rebrousser chemin aux Suisses, délivre Bologne , et reprend Brescia. 1512, Brillante victoire de Ravenne ; Gaston y périt.

1513, Les Suisses établissent dans le Milanais

Maximilien Sforce, fils aîné de Ludovic. Jules II lui donne le titre de duc, mais réunit Parme et Plaisance aux Etats de l'église — Les Médicis rétablis à Florence par les confédérés. — Mort de Jules II. Exaltation de LÉON X (Jean de Médicis).

Les Vénitiens se détachent de la ligue pour s'unir aux Français. Ils attaquent de concert le Milanais. Victoire des Suisses à Novarre. Les Français repassent les monts.

La France attaquée de tous côtés. Ferdinand, avec le secours des Anglais, s'empare de la Navarre sur Jean d'Albret. Henri VIII, vainqueur des Français à Guinegate, en Picardie ; des Écossais alliés de la France à Flowden. Les Suisses envahissent la Bourgogne.

Louis XII conclut une trève avec Ferdinand, abjure le concile de Pise, laisse le Milanais à Maximilien Sforce, et épouse la sœur d'Henri VIII, 1514. Sa mort, 1515.

Administration de Louis XII, père du peuple. Économie ; taxes peu augmentées, mais aliénation du domaine royal, et vénalité des offices de judicature. Réforme du corps judiciaire. Excès des gens de guerre réprimés. Accroissement de la population et de la richesse nationale.

SECONDE PÉRIODE.

Depuis la Réforme jusqu'au traité de Westphalie. 1517-1648.

LA seconde période de l'histoire moderne est caractérisée par la Réforme. Trois groupes de faits seulement n'entrent point dans le tableau de cette grande révolution : la rivalité de François Ier, de Charles-Quint et de Soliman (chap. X) ; — l'histoire des états orientaux (chap. XIV); — enfin celle de la littérature, des arts et des sciences dans le seizième siècle (chap. XV). Nous rejeterons les deux derniers sujets à la fin de cette période.

Le seizième siècle s'ouvre par l'élévation colossale de la maison d'Autriche. Mais Charles-Quint rencontre une triple barrière. François Ier et Soliman combattent l'Empereur pour des motifs d'ambition particulière, et sauvent l'indépendance de l'Europe. Lorsque François Ier est épuisé, Charles trouve un nouvel obstacle dans la ligue des protestans d'Allemagne. C'est le *premier âge de la Réforme*, 1517-1550 (chap. XI).

1550-1600; *Second âge de la Réforme* (chap. XII). Elle s'est déjà répandue dans l'Europe, et particulièrement en France, en Angleterre et aux Pays-Bas. L'Espagne, le seul pays occidental qui lui soit resté fermé, s'en déclare l'adversaire; Philippe veut ramener l'Europe à l'unité religieuse, et étendre sa domination sur les peuples occidentaux. Pendant toute la seconde période, et surtout dans cet *âge*, les guerres sont à la fois étrangères et civiles.

1600-1648, *Troisième âge de la Réforme* (chapitre XIII). Le mouvement de la Réforme amène en dernier lieu deux résultats simultanés, mais indépendans l'un de l'autre : une révolution dont le dénouement est une guerre civile, et une guerre qui présente à toute l'Europe le caractère d'une révolution, ou plutôt, une guerre civile européenne. — En Angleterre, la Réforme victorieuse se divise, et lutte contre elle-même. — En Allemagne, elle attire tous les peuples dans le tourbillon d'une guerre de trente années. De ce chaos sort le système régulier d'équilibre qui doit subsister dans la période suivante.

CHAPITRE X.

Charles-Quint, François Ier, et Soliman, 1515-1566.

§ I. *Charles-Quint et François Ier*. 1515-1547.

1515, Avénement de FRANÇOIS Ier, arrière-petit-fils de Louis, duc d'Orléans, frère de Charles VI, et fils de Charles d'Angoulême et de Louise de Savoie. — CHARLES-QUINT, fils de Philippe le Beau, souverain des Pays-Bas, lui succède en 1506 ; petit-fils par sa mère de Ferdinand le Catholique, roi d'Espagne, il lui succède en 1516 ; petit-fils par son père de l'Empereur Maximilien, il hérite de lui en 1519 l'archiduché d'Autriche (auquel son frère Ferdinand doit joindre en 1526 la Hongrie et la Bohême) ; il est élevé la même année au trône impérial. — Caractère de François Ier et de Charles-Quint.

Causes de leurs querelles : 1° rivalité de puissance ; 2° concurrence pour la couronne impériale ; 3° possession disputée du Milanais et du royaume de Naples ; 4° occupation de la Navarre par les Espagnols ; 5° de la Bourgogne par les Français.

Comparaison de leurs ressources : 1° l'empire de Charles, plus vaste, touche tous les états de l'Europe, mais il est comme dispersé, et n'est point arrondi comme la France ; 2° les sujets de Charles sont plus riches, mais son autorité est limitée ; des deux côtés, continuels embarras de finances ; 3° Supériorité de la gendarmerie française, de l'infanterie espagnole ; 4° supériorité des généraux de Charles-Quint ; 5° avantages de Charles dans l'opinion, comme Empereur, et comme ennemi des Turcs.

Caractère des guerres de François Ier. Ces guerres sont au nombre de cinq, dont quatre contre Charles-Quint ; le Milanais en est le théâtre ordinaire. Conduite impolitique de Henri VIII entre les deux rivaux. Alliance de François Ier avec les protestans d'Allemagne et avec Soliman ; sa position équivoque à leur égard. Les diversions des Turcs concourent trois fois à sauver la France.

-Résultats de ces guerres : 1° Epuisement de la France

et de l'Espagne, dépopulation de l'Italie. 2° L'Italie est définitivement asservie à l'Espagne. La France reste entière et indépendante. 3° L'Orient et l'Occident de l'Europe commencent à avoir des rapports politiques. 4° Charles-Quint, affaibli par François Ier et par Soliman, ne peut accabler les protestans d'Allemagne.

Traités de François Ier avec Henri VIII, Charles d'Autriche, et Venise. — 1515-1516. *Première guerre.* Sanglante bataille de Marignan ; conquête du Milanais sur Maximilien Sforce ; traité avec les Suisses qui devient le fondement d'une paix durable. Concordat de Léon X. Traité de Noyon avec Charles d'Autriche, successeur de Ferdinand le Catholique.

1519, Mort de l'Empereur Maximilien ; François, Charles, et Henri VIII briguent l'Empire. Charles l'emporte, et devient suzerain du Milanais, fief impérial.

1521-1526. *Seconde guerre de François Ier, première contre Charles-Quint.* Troubles de l'Espagne. François pénètre en Navarre, et secourt les insurgés. Il fait attaquer les Pays - Bas. Les deux rivaux s'efforcent d'attirer Henri VIII dans leur parti. Influence de Wolsey ; traité de Windsor. — Charles allié d'Henri VIII et de Léon X ; François, des Vénitiens et des Suisses. Défaite des Suisses et des Français à la Bicoque. Lautrec chassé du Milanais. François Sforce, duc de Milan, 1522. Mort de Léon X ; exaltation d'ADRIEN VI. Gênes et Venise

abandonnent la France. 1523, Défection du connétable de Bourbon. Démembrement projeté de la
France. Invasion de la Provence et de la Picardie.—
François Ier rentre dans le Milanais. 1525, Siége et
bataille de Pavie. Captivité de François Ier. 1526, Traité
de Madrid ; François renonce à ses prétentions sur
l'Italie, promet de faire droit à celles de Bourbon,
de céder la Bourgogne, de donner ses deux fils en
otages, et de s'allier à Charles-Quint par un double
mariage.

1527 - 1529. *Troisième guerre de François Ier,
seconde contre Charles-Quint.* Alliance du roi d'Angleterre, du pape (Clément VII), du duc de Milan,
de Venise, de Florence et de Gênes avec François Ier.
Bourbon envahit le Milanais, et marche sur Rome.
Sac de Rome, et captivité du pape. 1528, Naples
assiégée par Lautrec et Doria. Défection de Doria.
[Progrès de la Réforme. Invasion de la Hongrie et de
l'Autriche par Soliman.] 1529. Traité de Cambrai ;
François ne cède point la Bourgogne, mais abandonne ses alliés d'Italie. Charles - Quint arbitre de
l'Italie.

1535-1538. *Quatrième guerre de François Ier,
troisième contre Charles-Quint.* Alliance publique du
roi de France avec Soliman. Conquête de la Savoie et
du Piémont. 1536, Invasion de Charles-Quint dans la
Provence, dans la Champagne et la Picardie. (Soliman entre en Hongrie, et fait ravager les côtes d'Italie.) 1538, Entrevue et trève de Nice. Chacun reste

maître de ses conquêtes. — Révolte de Gand, et passage de Charles-Quint par la France.

1541-1546. *Cinquième et dernière guerre de François Ier, quatrième contre Charles-Quint.* François, allié de Soliman, de Venise, du duc de Clèves, des rois de Danemarck et de Suède; Charles - Quint allié d'Henri VIII. Attaque des Pays-Bas et du Roussillon. 1544, Victoire des Français à Cérisoles. Bombardement de Nice. Charles entre en France par la Lorraine, Henri VIII par la Picardie. (Affaires d'Allemagne. Invasion de Soliman.) 1544, Traité de Crépy; renonciation de François à Naples, de Charles à la Bourgogne; le duc d'Orléans doit être investi du Milanais. 1546, Paix avec l'Angleterre. 1547, Mort de François Ier et d'Henri VIII. [La guerre de Charles-Quint contre les protestans a commencé en 1546.]

Révolutions des principaux états de l'Italie de 1494 *à* 1559 : 1° *Venise :* Sa décadence. 1501, Institution des trois inquisiteurs d'état. — 2° *Gênes* : 1528, gouvernement aristocratique établi par André Doria. 1547, Conjuration de Fiesque.—3° *Florence* : 1494-1496, Puissance populaire et mort de Savonarole. 1494-1509, Guerre contre Pise. 1512-1527; Premier retour des Médicis. 1530, Second retour des Médicis. 1559, Création en leur faveur du grand-duché de Toscane. La réduction de *Sienne*, en 1557, complète la soumission de l'Italie à l'influence espagnole. — 4° 1545-1557, *Parme* et *Plaisance* érigés en duchés, en faveur des Farnèses.

Coup d'œil sur l'état de l'Italie au milieu du XVIe siècle. / '

- § II. *Soliman le Grand*. 1520-1566.

Ce règne d'un demi-siècle est l'époque de la plus grande puissance des Turcs; leur décadence commence après Soliman. Sous lui ils ne furent pas moins redoutables sur mer que sur terre ; ils opposèrent dès-lors aux chevaliers de Malte les puissances barbaresques. Mais ce qui rend surtout cette époque remarquable, c'est la première alliance des Turcs avec la France contre la maison d'Autriche.

Situation politique de la Hongrie. Guerre de Hongrie, commencée en 1521 par la prise de Belgrade, interrompue par la conquête de l'île de Rhodes 1522, et reprise en 1526. Bataille de Mohacz. Ferdinand d'Autriche succède à Louis en Bohême; mais, en Hongrie, Soliman soutient contre lui les prétentions de Zapoly. 1529, Invasion de l'Autriche ; Soliman échoue devant Vienne. 1538, Traité de partage, il est violé par Jean Sigismond, soutenu de Martinuzzi. Soliman s'empare de la plus grande partie de la Hongrie. 1562, Trève avec Ferdinand, qui devient tributaire des Turcs.

1534, Première guerre contre les Persans. Conquêtes de Soliman ; il est couronné roi de Perse dans Bagdad. 1552, Seconde guerre contre les Persans.— Conquêtes de la Géorgie ; de l'Yemen.

Chérédin, amiral de Soliman. Guerres de Tunis.

1534, 1535 ; d'Alger, 1541, contre Charles-Quint.
Chio et autres îles enlevées aux Vénitiens. 1544,
Ravages des côtes d'Italie ; bombardement de Nice.
1552, Dragut s'empare de Tripoli. 1565, Il échoue
devant Malte. — Nouveaux troubles de Hongrie.
1551, Assassinat de Martinuzzi. Invasion de Soliman ; sa mort au siége de Zigeth , 1566.

CHAPITRE XI.

Premier âge de la Réforme. [Son établissement en Allemagne et dans
les pays occidentaux et septentrionaux de l'Europe. Sa première
lutte contre la maison d'Autriche. 1517-1558.]

Evénemens qui préparèrent la Réforme : Séjour des
papes en France. Schisme d'Occident. — Attaques
dirigées contre les papes par Arnaud de Brescia,
Savonarole , et les conciles de Bâle et de Constance ;
pragmatiques d'Allemagne et de France. — Hérésies
de Valdus, Wiclef, Jean Huss.

Les résultats immédiats ou prochains de la Réforme
furent : 1° relativement à la religion , la séparation
de la moitié de l'Europe de l'église catholique ; 2° relativement à la politique , presque toutes les révolutions, presque toutes les guerres civiles ou extérieures
jusqu'au traité de Westphalie.

§ I. *Etablissement de la Réforme en Allemagne. Sa
premiere lutte contre la Maison d'Autriche.* 1517-
1555.

1517. Circonstances qui favorisent la Réforme en

Allemagne. Caractère de Luther. Il attaque la vente des indulgences. *Captivité de Babylone*. Mélanchton, Carlostadt, etc. 1521, Luther comparaît à la diète de Worms. Son séjour à Wartbourg. La diète de Nuremberg demande un concile général.

La révolution, jusque-là toute religieuse, devient une révolution politique par l'effet de quatre événemens : 1° Anabaptisme prêché par Muncer ; 1524-1525, guerre des paysans de Souabe ; 2° 1525, Sécularisation de la Prusse, par Albert de Brandebourg, grand-maître de l'ordre teutonique ; 3° Établissement public du luthéranisme dans l'électorat de Saxe et dans le landgraviat de Hesse ; 4° *Ligues catholique* de Dessau, *protestante* de Torgau, en 1526. [Charles – Quint vainqueur à Pavie et prêt à agir contre les protestans, en est empêché par la rupture du traité de Madrid et par l'invasion de Soliman en Hongrie.]

Tolérance [temporaire]. 1529, Paix de Cambrai. Diète de Spire, qui défend toute innovation. Les réformés *protestent*. 1530, Diète d'Augsbourg ; *confession d'Augsbourg*. Ferdinand, roi des Romains. 1531, *Ligue de Smalcalde* (encouragée par la France, l'Angleterre, la Suède, et le Danemarck ; invasion de Soliman.)

1532-1546. *Interim* de Nuremberg. Les guerres contre les Français et contre les Turcs diffèrent la rupture de quatorze ans. Cependant la paix est troublée : 1° par les poursuites de la chambre impériale contre les protestans ; 2° 1534 , par l'expulsion des Autrichiens du Wurtemberg; 3° par la révolte des paysans anabaptistes de la Westphalie; 4° 1538, par la conclusion de la sainte ligue contre les protestans ; 5° 1542, par la spoliation de Henri de Brunswick chassé de ses états par l'électeur de Saxe et le landgrave de Hesse ; 6° 1543, par la tentative de l'électeur archevêque de Cologne pour séculariser ses états, et par son expulsion. — Dans cette période, de 1535 à 1539, l'électeur de Brandebourg, l'électeur palatin, et le duc de Saxe établissent la Réforme dans leurs états.

1540, 1541, Conférences inutiles de Worms et de Ratisbonne. [Renouvellement de l'alliance de François Ier et de Soliman]. 1544 , Seconde diète de Spire [paix de Crépy]. — 1542,1545, Convocation, ouverture du concile de Trente. Les protestans refusent de s'y rendre. 1546, Mort de Luther.

1546-1547. *Première guerre du protestantisme en Allemagne.* Charles traite avec Soliman, s'allie avec le pape, et gagne Maurice, duc de Saxe. Lenteur et irrésolution des confédérés. Maurice envahit l'électorat de Saxe. Dissolution de la ligue ; et soumission de la plupart des protestans. [François Ier excite Soliman, le pape, Venise et le Danemark contre Charles-Quint; il négocie avec les protestans.] 1547, Nouvelle invasion de l'électorat de Saxe. Bataille de Muhlberg. Captivité de l'électeur de Saxe et du landgrave de Hesse.

1547-1551. Charles-Quint arbitre de l'Allemagne. Diète d'Augsbourg ; l'électorat de Saxe donné à Maurice. Translation du concile de Trente à Bologne. 1548, *Interim ;* les villes libres sont forcées de s'y soumettre. Charles entreprend de faire passer la couronne impériale sur la tête de son fils. — Politique de Maurice. Siége de Magdebourg. Maurice s'allie à Chambord avec Henri II, roi de France.

1552, *Seconde guerre.* Maurice surprend Charles-Quint ; fuite de l'Empereur. Henri s'empare de Metz, Toul et Verdun. Convention de Passau. [Charles-Quint échoue devant Metz.] 1555, Paix de religion, conclue à Augsbourg. Les protestans professent librement leur religion, conservent les biens ecclésiastiques qu'ils possédaient avant 1552, et peuvent entrer dans la chambre impériale. Ce traité contient plusieurs germes de guerre.

1555-1556, Abdication de Charles-Quint. Ferdinand Empereur ; Philippe II, roi d'Espagne et de Naples, souverain des Pays-Bas et des Indes. 1558, Mort de Charles-Quint.

§ II. *Établissement de la Réforme en Angleterre et en Écosse.* 1530-1559.

Longue fluctuation religieuse de l'*Angleterre*, elle a un double résultat : 1° La politique suit cette fluctuation ; l'Angleterre protestante ou catholique est ennemie ou alliée de la maison d'Autriche. 2° Les sectes protestantes se multiplient en Angleterre plus qu'en aucun autre état de l'Europe ; c'est là seulement que la Réforme se développe avec toutes ses conséquences.

Politique de l'Angleterre dans les affaires religieuses avant la Réforme ; statuts des Proviseurs, de *præmunire*. Influence de Wiclef.

Occasion de la Réforme en Angleterre : Henri VIII demande à Clément VII de casser son mariage avec Catherine d'Aragon, tante de Charles-Quint. Hésitation du Pape. Disgrace de Wolsey. Décision du Parlement. 1532, Cranmer prononce le divorce, et Henri épouse Anne de Boleyn. 1534, Le roi excommunié se sépare de Rome, sans embrasser le protestantisme, et se fait déclarer chef suprême de l'église Anglicane. Il supprime les couvens et détermine le formulaire ; il persécute les catholiques et les protestans. Ses mariages ; mort tragique d'Anne de Boleyn et de Catherine Howard.

1547-1553. ÉDOUARD VI. Sommerset protecteur. 1548, Établissement du calvinisme. Union projetée de l'Angleterre et de l'Écosse. Sommerset repoussé de l'Écosse est renversé par les intrigues de Dudley. Dudley détermine le jeune roi à exclure de la succession au trône ses sœurs Marie et Élisabeth.

1553-1558. MARIE. Mort de Jeanne Gray. La religion catholique est rétablie. Persécution des protestans. Marie épouse Philippe II, et le seconde dans la guerre contre la France.

1558, Avénement d'ÉLISABETH. Elle fonde l'église anglicane, en 1559.

Écosse. La Réforme s'introduit dans ce royaume vers 1530, malgré le roi Jacques V.

§ III. *Établissement de la Réforme dans les trois royaumes du Nord et dans plusieurs autres pays. Révolution des trois Royaumes du Nord.*

État des *trois royaumes du Nord* à l'époque de la Réformation. Caractère de CHRISTIERN II. 1518, Il envahit la Suède. 1520, Bataille de Bogesund. Soumission de la Suède. Exécutions de Stockholm. 1521, GUSTAVE WASA délivre la Suède, et assure son indépendance. 1523, Il est reconnu roi. 1540, La couronne est rendue héréditaire dans la famille de Gustave. — 1523, Christiern II chassé de Danemarck et de Norwège. FRÉDÉRIC Ier, duc de Holstein, le remplace. — 1527, Gustave établit le luthéranisme en Suède; Frédéric Ier en ordonne la prédication en Danemarck. 1536, Abolition du culte catholique en Danemarck par CHRISTIERN III. — Le pouvoir royal s'élève en Suède sur les ruines de celui des évêques ; il est diminué à chaque avénement en Danemarck par la puissance croissante de l'aristocratie.

Progrès de la Réforme dans les autres pays. *Suisse.* 1519, Zwingle, émule de Luther, à Zurich. Les cantons catholiques défendent avec succès leur croyance contre les protestans à la bataille de Cappel. — *Ge-*

nève. 1535,1543, Prédication, législation de Calvin. 1553, Supplice de Servet. — *France* et *Pays-Bas.* La Réforme s'y introduit de bonne heure, malgré François Ier et Charles-Quint. — Elle s'établit en *Bohême* à la faveur des priviléges accordés aux Utraquistes, pénètre en *Hongrie*, et s'étend en *Pologne* en même tems que le socinianisme. Sigismond-Auguste assure, en 1563, aux nobles dissidens l'égalité des droits dans les diètes.

Plusieurs ordres monastiques sont institués à cette époque pour combattre l'esprit d'innovation. Le principal est celui des Jésuites, 1534.

CHAPITRE XII.

Second âge de la Réforme. [Espagne et Pays-Bas, 1555–1648; France, 1547–1610 Angleterre et Écosse, 1558–1603.]

La seconde lutte de la Réforme a pour théâtre les pays les plus occidentaux de l'Europe, pour acteurs des puissances maritimes. L'exaltation des passions religieuses et politiques la rend plus sanglante et plus longue que la première. — Tout espoir de conciliation vient d'être détruit par la dissolution du concile de Trente, en 1563.

Vaste puissance de Philippe II, malgré la division de l'empire de Charles-Quint, et la politique opposée de la branche allemande de la maison d'Autriche. Philippe II attaque la Réforme dans les Pays-Bas, en France et en Angleterre. L'Angleterre succède à la France dans le rôle de principal antagoniste de l'Espagne; Élisabeth devient le chef des protestans d'Europe, comme Philippe II des catholiques. Pendant long-tems, la France, les Pays-Bas et l'Écosse servent de champ à la guerre. indirecte que se font ces deux puissances. Ce n'est que vers la fin qu'elles s'attaquent directement.

Résultats de cette lutte : 1° les trois états attaqués obtiennent ou défendent leur indépendance ; 2° création de la république des Provinces-Unies qui avec l'Angleterre doit contrebalancer tantôt la maison d'Autriche et tantôt la France ; 3° la Hollande et l'Angleterre deviennent des puissances essentiellement maritimes ; 4° l'Espagne perd les Indes orientales et la domination des mers.

§ I. *Révolution et guerre des Pays-Bas.* 1556-1609.

Un des caractères les plus remarquables de cette révolution, c'est que les insurgés offrent en vain de se soumettre à la France, à la branche allemande de la maison d'Autriche, à l'Angleterre, et se décident enfin, faute d'un souverain, à rester en république. Elisabeth les refuse, dans l'opinion qu'indépendans ils résisteront mieux à l'Espagne ; elle ne prévoit pas que la Hollande va devancer l'Angleterre dans l'empire des mers et le commerce du monde.

Division : 1° 1556-1567, Troubles qui préparèrent

la guerre civile. — 2° 1567-1579, Guerre civile avant *l'union d'Utrecht*. — 3° 1579-1609, Suite de la guerre civile jusqu'à la trève ; *l'union d'Utrecht* donne aux insurgés du Nord le caractère de nation ; la victoire leur est assurée par la diversion des Espagnols en France.

I. Situation géographique des dix-sept provinces des Pays-Bas ; leurs constitutions et priviléges. Leur industrie commerciale et manufacturière dans les derniers siècles du moyen âge. — Administration de Charles-Quint. 1556, Conduite opposée de Philippe II ; nouveaux évêchés, persécution contre les protestans, inquisition, séjour des troupes espagnoles.— Marguerite de Parme gouvernante ; ministère de Granvelle. Chefs des mécontens : Guillaume le Taciturne, prince d'Orange, les comtes d'Egmont et de Horn. 1566, Compromis de Breda. Gueuserie. — 1567-1573, Tyrannie du duc d'Albe. Conseil des troubles. Exécutions, confiscations. Fuite du prince d'Orange et de cent mille personnes. Supplice des comtes d'Egmont et de Horn.

II. 1567-1579, Guerre civile. *Gueux marins, gueux des bois*. Tentatives du prince d'Orange et de son frère. 1569, Les nouvelles taxes étendent l'insurrection. 1572, Prise de la Brille par les gueux marins. Révolte de la Hollande ; union de Dordrecht. Siége de Harlem. — 1574-1576, Modération de Réquesens successeur du duc d'Albe. Défaite et mort de Louis et de Henri de Nassau à Mocker. Invasion de la Hollande et de la Zélande. Siége de Leyde. — 1576, Pillage d'Anvers. Pacification de Gand ; union des provinces belges et bataves. — 1577-1578, Don Juan d'Autriche. Sa conduite artificieuse. L'archiduc Mathias, le duc d'Alençon appelés dans les Pays-Bas. — Le prince de Parme succède à Don Juan.

III. 1579-1609. *Union d'Utrecht.* Fondation de la république des sept provinces unies. 1581, Déclaration d'indépendance. Perfidie et départ du duc d'Alençon. 1584, Guillaume assassiné. — Succès du prince de Parme ; siége d'Anvers. 1586, Traité des Provinces-Unies avec Élisabeth; inhabileté et trahison de Leicester. [1588, Philippe II attaque en vain l'Angleterre. 1591-1598, il divise ses forces en prenant part à la guerre civile de France]. 1592, Mort du prince de Parme. — 1588-1609, Talens et succès de Maurice, fils de Guillaume le Taciturne. 1595, Alliance de Henri IV avec les Pays-Bas ; la France déclare la guerre à l'Espagne. 1598, (Paix de Vervins). Mariage de l'archiduc Albert, gouverneur des Pays-Bas, avec Claire Isabelle Eugénie, fille de Philippe II, à laquelle il transfère la souveraineté des Pays-Bas. Mort de Philippe II. — PHILIPPE III. Les Espagnols arment contre eux leurs alliés d'Allemagne. 1600, Les États-Unis prennent l'offensive. Siége et bataille de Nieuport. 1601-1604, Siége d'Ostende. 1606, Campagne savante de Spinola. —

1607-1609, Négociations pour la paix. Victoire navale de Gibraltar. 1609, Trève de douze ans, conclue sous la médiation de Henri IV.

§ II. *Troubles·de religion en France. Guerres civiles et étrangères.* 1547-1610.

La France, conquérante et rivale de l'Espagne pendant un demi-siècle, doit être pendant le demi-siècle suivant oùverte par ses discordes aux intrigues de cette puissance. Troubles de religion fomentés par des intrigues de cour, et développés par la rivalité des princes du sang et des Guises, chefs de la haute noblesse. Les deux partis tendent à dépouiller les rois, et s'appuient des secours de l'étranger.

Division : 1re Période. 1547-1559, Fermentation religieuse. Guerre contre l'Espagne, qui, sous les règnes suivans, doit faire à la France une guerre d'intrigue et de corruption. — 2e 1559-1570, Rivalité de puissance entre les Guises, les Bourbons, et Catherine de Médicis. — 3e 1570-1577, Lutte des deux religions ; elle est moins mêlée, dans cette période, d'intérêts politiques. — 4e 1577-1594, Faction anarchique de la ligue. Philippe II porte son ambition sur la couronne de France. La monarchie française est sur le point de se dissoudre ou de dépendre de l'Espagne. Henri IV la sauve de ce double danger. — 5e 1594-1610, Henri IV réunit la France, la rend de nouveau formidable, et se prépare à achever l'abaissement de la maison d'Autriche, lorsqu'il est assassiné.

I. 1547-1559. HENRI II. Expédition d'Écosse. Siége de Boulogne. — 1550, Guerre de Parme. Guerre contre Charles-Quint. Occupation de la Lorraine et des trois évêchés. Charles-Quint échoue devant Metz. 1553-1556, Campagne d'Artois. Siége de Sienne. Conquête du Piémont, de la Corse. Tentatives du duc de Guise sur Naples. 1557, l'Angleterre se déclare contre la France. Bataille de Saint-Quentin. Prise de Calais. Bataille de Gravelines. 1559, Paix de Cateau-Cambrésis. Henri II rend toutes ses conquêtes. — Persécutions. 1547, Massacre des Vaudois. 1550, Édit de Chateaubriant. 1555, Établissement de l'inquisition, malgré l'opposition du parlement.

II. 1559-1570. — FRANÇOIS II, 1559-1560. Commencement des troubles civils. Catherine de Médicis; Marie Stuart et les Guises ; Antoine de Bourbon, Condé, Coligny; L'Hôpital. Prépondérance des Guises; influence secrète de Philippe II. 1560, Conjuration d'Amboise. L'Hôpital chancelier. Édit de Romorantin. Arrestation du prince de Condé. — 1560-1574, CHARLES IX. Régence de Catherine de Médicis. États-généraux d'Orléans. Colloque de Poissi. Edit de Janvier. Massacre de Vassi.

1562-1563, *Première guerre civile.* Siége de Rouen.

Bataille de Dreux. Assassinat de Guise. Convention d'Amboise. — 1563-1567, Paix orageuse. — 1567-1568, *Deuxième guerre.* Bataille de Saint-Denis. Paix de Longjumeau. — 1568-1570. *Troisième guerre.* Batailles de Jarnac et de Montcontour ; mort de Condé. Henri de Béarn chef du parti protestant. Paix de Saint-Germain.

III. 1570-1577, Mariage du jeune roi de Navarre avec Marguerite de Valois. 1572, Massacre de la Saint-Barthélemi. Formation du parti des *politiques.* — 1572-1576, *Quatrième guerre.* Siége de La Rochelle et de Sancerre. 1574, Mort de Charles IX. Le duc d'Anjou , depuis peu roi de Pologne , lui succède sous le nom de HENRI III. Fuite de Henri de Navarre et du duc d'Alençon. 1576 , Edit de pacification.

IV. 1577-1594. Formation de la *Ligue.* Henri de Guise *le Balafré.* Politique de Philippe II. Etats de Blois. Henri III se déclare chef de la ligue. — 1577-1580, *Cinquième et sixième guerre.* Prise de Cahors. — 1584, Mort du duc d'Anjou (auparavant duc d'Alençon). Prétentions du cardinal de Bourbon. Espérances secrètes de Henri de Guise et de Philippe II. Traité de Henri III avec les ligueurs , conclu à Nemours. — 1586-1598, *Septième guerre.* 1587 , Bataille de Coutras. Succès de Henri de Guise. Organisation de la Ligue. Conseil des *Seize.* 1588 , Journée des *Barricades,* Etats de Blois. Assassinat de Henri de Guise.

1589, Alliance de Henri III et du roi de Navarre. Siége de Paris. Assassinat de Henri III. Extinction de la branche des Valois (1328-1589). Tableau de la France. Dissolution imminente de la monarchie.

1589-1610, HENRI IV, roi de France et de Navarre, premier roi de la maison de Bourbon. Charles X, roi de la Ligue. Mayenne. Combat d'Arques. — 1590-1592. Bataille d'Ivry. Siége de Paris, de Rouen. Savantes campagnes du prince de Parme, qui sauve ces deux places. Combat d'Aumale. — 1593, Etats de Paris. Philippe II demande le trône de France pour sa fille. Abjuration d'Henri IV. 1594, Il entre à Paris.

V. 1594-1610. Soumission de la Normandie, de la Picardie, de la Champagne, de la Bourgogne, de la Provence et de la Bretagne ; des ducs de Guise, de Mayenne et de Mercœur, de 1594 à 1598. Henri IV reconnu par le pape. — 1595-1598. Guerre contre les Espagnols. Ils prennent Cambrai, Calais, Amiens. 1598, *Paix de Vervins* (malgré Élisabeth et les Hollandais) ; Philippe II perd ses conquêtes, excepté le comté de Charolais. — Edit de Nantes ; les réformés obtiennent l'exercice public de leur culte, et tous les droits civils ; ils conservent leur importance, comme parti politique

1600-1610. Conquêtes sur le duc de Savoie. Mariage du roi avec Marie de Médicis. 1602, Conspiration de Biron. 1604, Conspiration de la famille d'Entragues. — Médiation du roi entre le pape et Venise, 1607 ; entre l'Espagne et les Provinces Unies, 1609. Ses projets pour l'abaissement de la maison d'Autriche, et pour l'organisation de la république européenne. 1610, Assassinat de Henri IV.

Administration de Henri IV : État des finances à son avénement. Tentatives de réforme. — 1596, Assemblée des notables de Rouen. Le roi confie les finances à Sully. Ordre et économie. L'agriculture protégée (Olivier de Serres). Manufactures nouvelles. Encouragemens donnés au commerce et aux arts. Canal de Briare. Embellissemens de Paris. — Réforme de la justice. — Colonies (1557, au Brésil ; 1564, dans la Floride), à Cayenne, au Canada ; fondation de Québec, en 1608. — Prospérité de la France et son état formidable à la fin du règne de Henri IV.

§ III. *Rivalité de l'Angleterre, de l'Écosse et de l'Espagne. Règne d'Élisabeth. 1558-1603.*

L'intervention de l'Angleterre dans les affaires du continent, jusque-là bornée et capricieuse, s'étend et devient régulière sous Élisabeth. L'intérêt politique, en Angleterre comme en Espagne, est subordonné à l'intérêt religieux.

Elisabeth diffère trente ans (de 1558 à 1588) la guerre ouverte avec l'Espagne ; mais elle soulève les protestans d'Écosse, secourt faiblement ceux de

France, et encourage puissammeut ceux des Pays-Bas, auxquels elle est liée de plus par l'intérêt du commerce anglais. La guerre éclate enfin ; elle développe les forces de l'Angleterre, et lui assure la libre navigation des mers.

1558, Avénement d'ELISABÉTH. 1559, Elle fonde l'église Anglicane. Son intervention dans les guerres de France et des Pays-Bas. — 1559-1587, Sa rivalité avec MARIE STUART. Troubles de l'Ecosse presbytérienne. Abolition de la religion catholique. Marie renonce aux armoiries d'Angleterre. — 1565, Mariage de la reine d'Ecosse avec Darnley, bientôt assassiné. 1567, JACQUES VI proclamé par les Ecossais révoltés. — Marie se réfugie en Angleterre, où elle est retenue prisonnière par Elisabeth. Conspiration en sa faveur. 1587, Marie Stuart décapitée.

1588-1603. Philippe II entreprend la conquête de l'Angleterre. 1588, Destruction de la *flotte invincible*. Expédition du Portugal ; 1596, de Cadix. Guerre d'Irlande excitée par l'Espagne. 1601, Mort du comte d'Essex. 1603, Mort d'Elisabeth et fin de la maison de Tudor. — *Administration d'Elisabeth.* Etendue de la prérogative royale. Parlement rarement convoqué. Economie ; monopoles ; emprunts. Essor du commerce et de la marine ; brillantes expéditions de Hawkins, Forbisher, Davis, Drake et Cavendish. 1583, Premiers établissemens dans l'Amérique septentrionale.

§ IV. *Etat des quatre puissances belligérantes après la seconde lutte de la Réforme, et suites prochaines de cette lutte.*

I. *Espagne.* Faiblesse croissante de l'empire, espagnol, malgré l'agrandissement de son territoire par la conquête du Portugal. [Décadence du Portugal, insensible sous JEAN III, 1521-1557 ; rapide sous SÉBASTIEN, 1557-1678, qui périt dans une expédition contre les Maures d'Afrique. 1578-1580, HENRI le cardinal. Victoire du duc d'Albe sur Antonio de Crato, à Alcantara.] 1580, Le Portugal incorporé à la monarchie espagnole. — Règne des favoris sous PHILIPPE III (1598-1621), et PHILIPPE IV (1621-1665). 1609, Expulsion des Maures. 1639, Révolte de Catalogne. 1640, Révolution de Portugal ; avénement de la maison de Bragance, dans la personne de JEAN IV.

II. *Provinces - Unies.* 1609-1621. La nouvelle république prend un accroissement rapide de prospérité et de grandeur ; mais le principe de sa décadence s'annonce déjà par les querelles du stathouder et du syndic. — Maurice et Barnevelt. Gomaristes et Arminiens. 1618-1619, Synode de Dordrecht. 1619, Barnevelt décapité.

1621-1648. Renouvellement de la guerre avec l'Espagne. Spinola, Frédéric Henri. 1624, Prise de Breda. 1629, Prise de Bois-le-Duc. Bataille de Berg-op-Zoom. — 1635, Alliance des Provinces-Unies avec la France pour le partage des Pays-Bas espagnols. 1639, Destruction de la marine espagnole près des Dunes. 1643, Bataille de Rocroi. — Philippe II, en fermant aux Hollandais le port de Lisbonne, les a forcés de chercher aux Indes les denrées de l'Orient. 1595, Expédition de Cornélius Houtman. 1602, Compagnie des Indes orientales. Des îles, elle s'étend sur les côtes du continent. 1619, Fondation de Batavia. 1621, Compagnie des Indes d'Occidentales. 1630-1640, Tentatives sur le Brésil. Etablissemens dans les îles de l'Amérique.— 1648, *Paix de Munster ;* l'Espagne reconnaît l'indépendance des Provinces-Unies, leur laisse leurs conquêtes en Europe et au-delà des mers, et consent à fermer l'Escaut.

III. *France et Angleterre.* La tranquillité intérieure de ces deux royaumes et leur importance politique sont attachées à la vie de leurs souverains, Henri IV et Elisabeth. — En France, les protestans et les grands ont été contenus plutôt qu'affaiblis. Double résultat de la mort d'Henri IV : 1° La France, de nouveau faible et divisée, se rouvre à l'influence espagnole jusqu'au ministère de Richelieu. 2° La guerre religieuse, qui doit embraser l'Europe, éclatera plus tard ; mais elle se prolongera faute d'un puissant modérateur qui la domine et la dirige. — En Angleterre, la nécessité de la défense nationale et le caractère personnel d'Elisabeth ont rendu le pouvoir royal sans bornes; mais le changement des mœurs, l'importance croissante des communes, le fanatisme des puritains ameneront sous des princes moins fermes ét moins habiles le bouleversement du royaume.

Dès la mort d'Elisabeth et d'Henri IV, nous pouvons apercevoir de loin la révolution d'Angleterre, et la guerre de Trente Ans.

CHAPITRE XIII.

Troisième âge de la Réforme. [Révolution d'Angleterre. Guerre de Trente Ans.] 1600-1648.

C'est en Angleterre que la Réforme se développe avec toutes ses conséquences politiques et religieuses. Mais la révolution qui agite cette île reste long-tems étrangère au continent.

L'Allemagne redevient le centre de la politique européenne. La première lutte de la Réforme contre la maison d'Autriche s'y renouvelle après soixante ans d'interruption. Toutes les puissances y prennent part. L'Europe semble devoir être bouleversée; cependant on n'aperçoit qu'un changement important. La France a succédé à la suprématie de la maison d'Autriche. Mais l'influence de la Réforme n'est plus sensible désormais, et le traité de Westphalie commence un nouveau monde.

§ I. *Révolution d'Angleterre.* 1603-1649.

La révolution anglaise comprend réellement l'espace d'un siècle. I. Elle se prépare sous Jacques Ier et Charles Ier, 1603-1638. II. Elle éclate sous Charles Ier, et n'est arrêtée que par l'énergie de Cromwell, 1638-1660. III. Elle semble retourner sur ses pas à l'avénement de Charles II, mais reprend bientôt sa marche pour éclater de nouveau, 1660-1688. IV. Elle n'est complétement terminée qu'à la mort de la reine Anne, dernier souverain de la maison de Stuart, et à l'avénement de la maison de Hanovre, 1688-1714. — Les deux dernières phases de cette révolution, étant plus politiques encore que religieuses, appartiennent par leur caractère, comme par leur place dans l'ordre chronologique, à la période suivante. (V. chap. XVIII.)

I. 1603-1638. — 1603-1625, JACQUES VI. Son caractère, propre à développer les germes de la révolution. — *Principes de la politique intérieure de Jacques* : agrandissement sans bornes du pouvoir royal; union de l'Ecosse et de l'Angleterre ; civilisation de l'Irlande ; établissement uniforme du culte anglican; tolérance des catholiques. Jacques, livré à des favoris, se met par sa prodigalité dans la dépendance du parlement, et en même tems l'irrite par le contraste de ses prétentions et de sa faiblesse.

Politique extérieure, honteusement pacifique. Le

roi d'Angleterre abandonne le rôle d'adversaire de l'Espagne et de chef des protestans en Europe. Il ne déclare la guerre à l'Espagne qu'en 1625, et malgré lui.

1625-1649, CHARLES Ier. Influence de la reine, Henriette de France, et de Buckingham. La guerre contre l'Espagne, et celle que Buckingham fait déclarer à la France, en 1627, augmentent la dépendance du roi à l'égard des parlemens. Buckingham repoussé de l'île de Rhé, assassiné à Portsmouth. 1629, Paix avec l'Espagne et la France. — 1625-1629, Trois parlemens dissous. Pétition de droit. Taxe des vaisseaux. Aucun parlement n'est convoqué pendant neuf ans. — Influence de Laud. Charles veut soumettre l'Ecosse au culte anglican. 1637, *Covenant* d'Ecosse; abrogation de l'épiscopat.

II. 1638-1649. Guerre civile d'Ecosse. Quatrième parlement, encore dissout. 1640-1648, *Long parlement*. Principales sectes et factions qui doivent successivement triompher dans cette assemblée. 1641, Mort de Strafford. Le parlement se déclare indissoluble, et accède au covenant d'Ecosse. Massacres d'Irlande. Fausses démarches du roi. La plupart des pairs le suivent à Yorck. 1642, Guerre civile d'Angleterre.

Comparaison des ressources des deux partis. Batailles de Newbury, de Marston. 1644, Ascendant des indépendans dans les communes; Cromwel. Ordonnance *du renoncement à soi-même.* Le parti royaliste abattu : défaite de Charles à Naseby, de Montrose en Ecosse, reddition de Bristol. Le roi se livre aux Ecossais qui le vendent au parlement d'Angleterre. 1647, Révolte de l'armée contre le parlement. Gouvernement de l'armée. Les Ecossais arment pour le roi et sont repoussés. 1649, Procès et exécution de Charles Iᵉʳ. Abolition de la monarchie.

Résumé : Les presbytériens voulaient la monarchie limitée ; ils vainquirent le roi, en proclamant l'indissolubilité du parlement. Les indépendans voulaient la république, ils vainquirent les presbytériens en leur surprenant l'ordonnance du *renoncement à soi-même,* et en *épurant* le parlement. Sous le gouvernement de l'armée, les niveleurs auraient prévalu peut-être ; mais Cromwell étouffa dans sa naissance cette faction anarchique. Nous verrons dans la période suivante la victoire de Cromwell sur les indépendans; mais l'impression produite par la mort de Charles Iᵉʳ doit faire pressentir que les Stuarts n'ont pas perdu pour toujours le trône d'Angleterre.

§ II. *Situation des principaux .Etats qui prirent part à la guerre de Trente Ans* [*France,* 1610-1634; *Danemarck, Suède,* 1530-1630 ; *Allemagne,* 1555-1618.] *Causes de cette guerre.*

I. *France.* LOUIS XIII. 1610-1643. Son règne est

troublé successivement par les princes et les grands,
par sa mère, et par les protestans, jusqu'à ce que
Richelieu vienne réprimer les résistances intérieures,
et donne aux forces de la France leur véritable direction, en attaquant la maison d'Autriche.

1610-1617, Gouvernement de Marie de Médicis;
Concini. La politique d'Henri IV abandonnée; mariage du roi avec Anne d'Autriche. 1614, Etats-gé-
néraux. Révolte des princes. — 1617-1621. Mort
de Concini; la reine-mère perd l'autorité; de Luynes tout-puissant. Révolte de la reine-mère. 1621,
Soulèvement des protestans. Siége de Montauban.
Mort du connétable de Luynes.

1624-1642, *Ministère de Richelieu.* Expédition de
la Valteline. 1625-1628, Deuxième et troisième
guerres des protestans. L'Angleterre les soutient.
Prise de la Rochelle. Les protestans perdent leur
importance politique.— 1629-1630, Guerre d'Italie.
— Procès de Chalais, 1626; de Marillac, 1630-
1632. Exil de la reine-mère. Révolte de Gaston;
mort de Montmorency, 1632. 1641, Révolte du
comté de Soissons. 1642, Conspiration de Cinq-Mars.

Richelieu appuie les Hollandais contre la branche
espagnole de la maison d'Autriche. Il encourage
contre la branche allemande, en 1625, Christian IV,
roi de Danemarek, et en 1630, Gustave-Adolphe,
roi de Suède; en 1634, il déclare la guerre à l'Espagne de concert avec la Hollande, et soutient en
Allemagne les princes protestans que la Suède ne

suffit plus à protéger. C'est la dernière période de la guerre de Trente Ans.

II. (1) Dans le siècle qui précède cette guerre, le Danemarck et la Suède sont en proie à des troubles intérieurs, et soutiennent de longues guerres, les forces des deux peuples se développent, et ils arrivent préparés à la guerre de Trente Ans. La Suède prélude alors au rôle héroïque qu'elle doit jouer dans tout le XVIIe siècle.

Danemarck : 1533, Mort de Frédéric Ier. Guerre civile. Intervention de Lubeck. — 1534, CHRISTIERN III. La Norwège incorporée au Danemarck. — 1559, FRÉDÉRIC II. 1563-1570, Guerre de Livonie. — 1588, CHRISTIERN IV. 1611-1613, Guerre contre la Suède. Administration de ce prince. 1625, il prend part à la guerre de Trente Ans.

Suède. GUSTAVE WASA. 1537-1557, Guerre contre les Russes. — 1560, ERIC XIV. Ses violences et sa folie. 1563-1570, Guerre de Livonie. Les deux frères d'Eric l'obligent d'abdiquer. — 1568, JEAN III. Il entreprend de rétablir la religion catholique.—1592, SIGISMOND, roi de Suède et de Pologne, bientôt supplanté en Suède par son oncle CHARLES IX, 1604.

---

(1) Pour l'établissement de la Réforme et des deux nouvelles dynasties en Suède et en Danemarck, voyez chapitre XI, § III. — Pour les guerres générales du Nord, voyez chap. XIV, § II.

1604-1660, Guerres de la succession de Suède. —
1611, GUSTAVE-ADOLPHE. 1613, Paix avec le Dane-
marck, 1617, avec la Russie. 1629, Trève avec la
Pologne, sous la médiation de la France. 1630, 1631,
Gustave-Adolphe prend part à la guerre de Trente
Ans. Traité de subsides avec la France.

III. *Allemagne.* Le traité de paix conclu à Augsbourg, 1555, contenait des germes de guerre : 1° *Reser-
vatum ecclesiasticum ;* 2° Tolérance des protestans dans
les états catholiques ; 3° Tolérance des seuls luthé-
riens ; 4° Prépondérance des catholiques dans la
chambre impériale ; usurpations du conseil aulique
sur la chambre impériale. Ces germes se déve-
loppèrent dans une période de soixante-trois ans,
1555-1618. Outre ces causes religieuses et politiques,
la guerre de Trente Ans en eut d'autres, purement
politiques, que l'ordre chronologique des faits doit
amener.

1556, Division de l'empire de Charles-Quint.
Mésintelligence des deux branches de la maison
d'Autriche. La branche allemande affaiblie par les
guerres contre les Turcs et par l'esprit turbulent de
ses sujets de Hongrie et de Bohême. FERDINAND Ier
ajoute à cette faiblesse en partageant ses états entre
ses fils.

Démarches de Ferdinand pour opérer la réunion
des deux églises. 1563, la clôture du concile de
Trente ôte tout espoir de conciliation. —1564-1576,

MAXIMILIEN II. Sa tolérance. Progrès du protestantisme dans la Bohême, dans la Hongrie et dans l'Autriche.

1576-1612, RODOLPHE II. Son caractère; ambition de ses frères Troubles religieux et politiques de la Hongrie et de la Bohême. Les protestans de ces deux royaumes et de l'Autriche font cause commune. 1607-1609, L'archiduc Mathias accorde aux Hongrois la liberté religieuse et la principale part dans leur gouvernement. Rodolphe est contraint d'accorder les mêmes priviléges à la Bohême, et cède à Mathias l'Autriche et la Hongrie.

Situation de l'Allemagne depuis l'avénement de Rodolphe : mécontentement des protestans; Aix-la-Chapelle et Donawerth mises au ban de l'empire; expulsion de l'électeur-archevêque de Cologne. 1609, Ouverture de la succession de Clèves et de Juliers. Prétentions de l'électeur de Brandebourg, du duc de Neubourg, du duc de Deux-Ponts, de Charles d'Autriche, margrave de Brisgaw, etc. — Henri IV encourage les protestans. Union évangélique; ligue catholique. 1610, Mort de Henri IV. Accommodement provisoire.

1610-1611, Rodolphe veut assurer la couronne de Bohême à Léopold, et il est forcé de la céder à Mathias. Mort de Rodolphe. 1612-1619, MATHIAS, Empereur. 1616, Nouveaux troubles en Allemagne; Les Hollandais et les Espagnols occupent les duchés de Clèves et de Juliers. Mathias cède à Ferdinand les couronnes de Bohême et de Hongrie. Insurrec-

tion de la Bohême dirigée par le comte de Thurn.
1618-1619, Commencement de la guerre de Trente
Ans, et mort de Mathias.

§ III. *Guerre de Trente Ans*. 1618-1648.

La guerre de Trente Ans est la dernière lutte soutenue par la Réforme. Cette guerre indéterminée dans
sa marche et dans son objet, se compose de quatre
guerres distinctes, où l'électeur palatin, le Danemarck, la Suède et la France jouent successivement le principal rôle. Elle se complique de plus en
plus, jusqu'à ce qu'elle ait embrasé l'Europe entière.
— Plusieurs causes la prolongent indéfiniment :
1° Étroite union des deux branches de la maison
d'Autriche et du parti catholique ; le parti contraire
n'est point homogène ; 2° Inaction de l'Angleterre ;
intervention tardive de la France ; faiblesse matérielle
du Danemarck et de la Suède, etc.

Les armées qui font la guerre de Trente Ans ne
sont plus des milices féodales ; ce sont des armées
permanentes, mais que leurs souverains ne peuvent
entretenir. Elles vivent aux dépens du pays, et
le ruinent. Le paysan ruiné se fait soldat, et se vend
au premier venu. La guerre se prolongeant forme
ainsi des armées sans patrie, une force militaire immense qui flotte dans l'Allemagne, et encourage les
projets les plus gigantesques des princes, et même
des particuliers.

1º Période palatine. 1619-1623.

1619-1637, FERDINAND II, Empereur. Frédéric V,
électeur palatin, est élu roi de Bohême; Betlem
Gabor, proclamé roi de Hongrie. Ferdinand est soutenu par le duc de Bavière, par la ligue catholique,
et par l'Espagne; union étroite des deux branches
de la maison d'Autriche. Frédéric (calviniste) abandonné par l'union protestante (composée de luthé-
riens), et faiblement appuyé par Jacques son beau-
père. Invasion du Palatinat par les Espagnols. 1620-
1623, La Bohême reconquise; bataille de Prague.
Mansfeld et d'autres partisans combattent en vain
pour Frédéric. Talens de Tilly. Dissolution de l'union
protestante. La dignité électorale du palatin trans-
férée au duc de Bavière. Violences de Ferdinand et de
ses généraux.

2º Période danoise. 1625-1629.

Ligue des états de Basse-Saxe. Ils appellent contre
l'Empereur Christiern IV, roi de Danemarck. Succès
de Tilly et de Wallenstein. 1626, Christiern défait
à Lutter. Wallenstein soumet la Poméranie, reçoit
de l'empereur les états des deux ducs de Mecklembourg, et le titre de *général de la Baltique*. Siége de
Stralsund. Alarmes des royaumes du nord. L'Empereur, pour les diviser, accorde la paix au Danemarck; traité de Lubeck, 1629.—Édit de restitution.
Ferdinand, pour faire nommer son fils roi des Romains, accorde à la diète de Ratisbonne le licencie-

ment d'une partie de ses troupes, et le renvoi de Wallenstein.

3° Période suédoise. 1630-1635.

1630, Gustave-Adolphe débarque en Poméranie, s'empare des places fortes de la Poméranie et du Mecklembourg et bat les Impériaux. 1631, Convention de Leipsick; troisième parti dans l'empire. Ferdinand oppose Til y à Gustave. Sac de Magdebourg. Le midi de l'Allemagne se soumet à Ferdinand ; le Nord (Saxe, Brandebourg, etc.) s'allie à Gustave. Bataille de Leipsick ou de Breitenfeld. Conquête de Gustave sur les princes catholiques; il bat le duc de Lorraine, pénètre en Alsace, soumet les électorats de Trèves, de Mayence et du Rhin. 1632, Il envahit la Bavière. Mort de Tilly. — 1631-1632, Progrès des Saxons en Bohême. Wallenstein, rappelé par Ferdinand, les chasse de ce royaume. — Il secourt la Bavière. Siége de Nuremberg. — Il envahit la Saxe. Bataille de Lutzen ; mort de Gustave-Adolphe, 1632.

1633-1634. La Suède continue la guerre sous la direction d'Oxenstiern. Il renouvelle l'alliance avec la France, et se fait déclarer à Heilbron chef de la ligue des cercles de Franconie, de Souabe, du Haut et du Bas-Rhin. — 1634, Conduite équivoque de Wallenstein ; ses projets ambitieux. Il est assassiné à Égra. Les Suédois battus par les Impériaux à Nordlingen. 1635, Paix de Prague entre l'Empereur et l'électeur de Saxe.

4° Période française. 1635-1648.

Richelieu relève les Suédois, et divise les forces de la maison d'Autriche en déclarant la guerre à l'Espagne. Il veut : 1° partager avec la Hollande les Pays-Bas espagnols (1635, Traité de Paris avec les Provinces-Unies) ; 2° reprendre le Roussillon ; 3° être maître des passages de l'Italie (traité de Rivoli avec les ducs de Savoie et de Parme) ; 4° acquérir l'Alsace et Philipsbourg (1636, Traité de Compiègne avec les Suédois). — Le 2°, le 3°, et le 4° objets furent atteints ; le premier fut manqué par la mauvaise volonté des Hollandais ; du côté des Pays-Bas, les Espagnols pénétrèrent même en France, sous la conduite de Jean de Wert. Prise d'Arras, de Turin, en 1640. Les deux principaux théâtres de la guerre sont toujours les bords du Rhin, où la France fait des conquêtes durables, et l'orient de l'Allemagne, où les Suédois en feraient, si la France ne refusait de joindre ses armées aux leurs.

1636-1639, Bernard de Weimar pris à la solde de la France. Bataille de Rheinfeld. Prise de Brisach. Projets ambitieux de Weimar. Sa mort. Son armée achetée par la France. Guébriant continue ses succès. 1642, Victoire de Kempen. — 1636-1641, Banner, vainqueur des Impériaux à Wittstock. Invasion de la Bohême. Savantes retraites. — 1637, FERDINAND III, empereur. — 1641-1642, Torstenson succède à Banner. Bataille de Leipsick. Invasion de la Bohême et de la Moravie. — 1642, Mort du cardinal de Richelieu. 1643, Mort de Louis XIII.

1643, [Avénement de LOUIS XIV; régence d'Anne d'Autriche, *ministère de Mazarin*], bataille de Rocroi, gagnée par le grand Condé. Défaite de Dutlingen. Victoires de Fribourg, 1644; de Nordlingen, 1645; de Lens, 1648. — Succès des Suédois, 1643-1648. Projets hostiles du Danemarck, prévenus par Torstenson. Défaites des Impériaux. 1645, Paix de Bromsebro. Torstenson, vainqueur à Jancowitz, envahit les états héréditaires de Ferdinand III, de concert avec Ragotzky, prince de Transilvanie. Défection du Transilvain. 1646-1648, Invasion de la Bavière, par Wrangel et Turenne; de la Bohême, par Kœnigsmarck. Conclusion de la paix.

1641-1645, Négociations qui la préparèrent. 1645-1648, Congrès de Munster et d'Osnabruck. TRAITE DE WESTPHALIE. Paix générale; la guerre ne continue qu'entre l'Espagne, la France et le Portugal. Principaux articles : 1º confirmation de la paix d'Augsbourg (1555); *annus normalis*, 1624. — 2º La souveraineté des divers états de l'Allemagne, dans l'étendue de leur territoire, est sanctionnée, ainsi que leurs droits aux diètes générales de l'empire; ces droits sont garantis, *à l'intérieur*, par la composition de la chambre impériale et du conseil aulique, où les protestans et les catholiques entrent désormais en nombre égal ; *à l'extérieur*, par la médiation de la France et de la Suède. — 3° Indemnités adjugées à plusieurs états ; pour les former, un grand nombre de biens ecclésiastiques sont sécularisés. *La France* obtient l'Alsace, les trois évêchés, Philipsbourg et Pignerol, les clés de l'Allemagne et du Piémont ; *la Suède*, une partie de la Poméranie, Stettin, Brême, etc., le droit de présence aux diètes de l'empire, et cinq millions d'écus ; *l'électeur de Brandebourg*, Magdebourg, Halberstadt, etc.; *la Saxe*, le *Mecklembourg* et *Hesse-Cassel*, sont aussi indemnisés. — 4° Le fils de Frédéric V recouvre le palatinat du Rhin ; une huitième dignité électorale est créée en sa faveur. — 5° Les Provinces-Unies sont reconnues indépendantes de l'Espagne ; les Provinces-Unies et les cantons suisses, de l'empire germanique.

CHAPITRE XIV.

États Orientaux [Turquie et Hongrie, 1566 1648 ; Pologne et Russie, 1505–1648]. Guerres générales de l'Orient et du Nord.

§ I. *Turquie, Hongrie*. 1566-1648.

Turquie. Décadence rapide de cet empire, après la mort de Soliman. — 1566-1574, SÉLIM II. Il fait la paix avec l'Empereur. 1570, Guerre contre les Vénitiens ; prise de Chypre. 1571, Croisade de Pie V,

Croisade de Pie V, de Philippe II et de Venise; bataille navale de Lépante.

1574-1595, Amurat III. Première révolte des janissaires. — 1595-1603, Mahomet III. Guerre de Hongrie. Siéges d'Agria et de Canise. Campagne du duc de Mercœur. — 1603-1617, Achmet Ier. Affaiblissement des Turcs. Ils se défendent avec peine contre les Impériaux (traité honteux avec Mathias), et sont humiliés par les Persans. Nombreuses révoltes des pachas de l'Orient. Turbulence des janissaires. —1617-1623, Mustapha et Osman mis à mort.

1623-1640, Amurat IV, *l'Intrépide*, envahit la Perse et prend Bagdad; il intervient dans la révolution de l'Inde. — 1640-1648, Ibrahim. 1645, Conquête de Candie sur les Vénitiens. Ibrahim mis à mort. — Avénement de Mahomet IV, 1648.

Hongrie. État de ce royaume, partagé entre la maison d'Autriche et les Turcs, depuis 1562. De ce partage résulte une guerre continuelle. La suzeraineté de la Transilvanie est une autre cause de guerre entre l'Autriche et la Porte. — Troubles intérieurs. Les princes autrichiens espèrent augmenter leur pouvoir en ramenant la Hongrie à une croyance uniforme; ils persécutent les protestans et violent les priviléges de la nation. Soulèvemens des Hongrois sous Rodolphe II, Ferdinand II et Ferdinand III; les princes de Transilvanie, Étienne Botschkaï, Betlem Gabor, Georges Ragotzi, se donnent successivement pour chefs aux mécontens. Par les pacifications de

Vienne, 1606, et de Lintz, 1645, par les décrets
des diètes d'OEdenbourg, 1622, et de Presbourg,
1647, les rois de Hongrie sont forcés d'accorder
l'exercice public de la religion protestante, et de respecter les priviléges nationaux.

§ II. *Pologne et Russie.* 1505-1648.

Les deux grands peuples d'origine slave avaient
de fréquens rapports entre eux, mais en avaient peu
avec les états scandinaves, avant que les révolutions
de la Livonie les engageassent dans une guerre commune, vers le milieu du seizième siècle. La Livonie
devint alors, pour le Nord de l'Europe, ce qu'avait
été le Milanais pour les états du Midi.

*État de la Pologne et de la Russie, dans la première
moitié du seizième siècle.* Avénement de WASILI IV
Iwanowitch, 1505, et de SIGISMOND Ier. 1506,
Guerre entre la Pologne et la Russie. Guerre de la
Pologne contre les chevaliers de l'ordre Teutonique.
1525, Le grand-maître Albert de Brandebourg em-
brasse le luthéranisme, sécularise la Prusse teutonique, et la reçoit de Sigismond Ier en fief de la Pologne.

1533, Avénement d'IWAN IV *Wasiliewitch.* Législation. Institution des Strelitz. 1552-1554, Prise
de Kasan et d'Astracan, 1548, Avénement de SIGIS-
MOND II, dit Auguste, en Pologne.

1558-1583, *Guerre de Livonie.* Situation de ce

pays. L'ordre des chevaliers Porte-Glaives, vainqueur des Russes, en 1502; indépendant de l'ordre Teutonique, depuis 1525. Introduction de la Réforme. Prétentions de toutes les puissances du Nord sur la Livonie.

1558, Invasion d'Iwan IV en Livonie. 1561. Traité de Wilna, qui réunit la Livonie à la Pologne, le grand-maître Gotthard Kettler, duc de Courlande. Le roi de Danemarck, Frédéric II, maître de l'île d'Œsel, et de quelques districts, et le roi de Suède Eric XIV, appelé par la ville de Revel et par la noblesse d'Estonie, prennent part à la guerre, qui se poursuit sur terre et sur mer. 1570, Paix de Stettin entre le Danemarck et la Suède.

1577, Union de la Pologne et de la Suède contre le Tzar. 1582-1583, Paix de la Russie avec la Pologne, à laquelle le Tzar abandonne la Livonie; trève avec la Suède, qui reste en possession de la Carélie. — 1584, Mort d'Iwan IV. Ses efforts pour civiliser ses sujets. 1581, Découverte de la Sibérie.

1572, Extinction de la dynastie des Jagellons, par la mort de Sigismond-Auguste, et de celle de Rurik, en 1598, par la mort du Tzar Fédor Ier, fils et successeur d'Iwan IV. De ces deux événemens résultèrent, médiatement ou immédiatement, deux guerres longues et sanglantes qui mirent de nouveau aux prises toutes les puissances du Nord; l'une eut pour objet la succession de Suède, l'autre celle de Russie. La première, qui dura soixante-sept ans (1593-1660), fut interrompue deux fois, d'abord par la seconde, ensuite par la guerre de Trente Ans.

1573, Le trône de Pologne devient purement électif. 1573-1575, HENRI DE VALOIS. *Pacta conventa.* — 1575-1587, ÉTIENNE BATTHORI, prince de Transilvanie. — 1587. SIGISMOND III, fils de Jean III, roi de Suède. 1592, il succède à son père, mais il est supplanté en Suède, 1604, par son oncle Charles IX.

1593-1609, Commencement *de la guerre pour la succession de Suède.* La Pologne et la Suède tournent leur ambition du côté de la Russie.

1598-1613. *Révolutions de Russie.* 1598, usurpation de Boris Godunow. 1605, Premier faux Démétrius. 1606-1610, Wasili Schuiskoy. Autres faux Démétrius. 1609-1619. Intervention des Polonais et des Suédois, qui veulent ou démembrer la Russie, ou mettre un de leurs princes sur le trône. — 1613-1645, MICHAÏL FEDROWITSCH, fondateur de la maison de Romanow. 1616-1618, La Russie cède à la Suède l'Ingrie et la Carélie russe; à la Pologne les territoires de Smolensko, de Tschernigow et de Nowgorod-Sewerskoï, et perd toute communication avec la Baltique.

1620-1629, Renouvellement de la guerre pour la succession de la Suède. Conquêtes de Gustave-Adolphe. 1629, Trève de six ans, renouvelée en 1635 pour vingt-six ans.

Sous Sigismond III, et sous son successeur Wladislas VII (1632-1648), guerres contre les Turcs,
les Russes et les Cosaques de l'Ukraine.

La Pologne a cédé à la Suède le rôle de puissance
dominante du Nord; mais elle conserve sa supériorité
sur la Russie, dont le développement a été retardé
par ses guerres civiles.

CHAPITRE XV.

Des Lettres, des Arts et des Sciences, dans le seizième siècle.
Léon X et François Ier.

Le quinzième siècle a été celui de l'érudition (1);
l'enthousiasme de l'antiquité a fait abandonner la
route ouverte si heureusement par Dante, Boccace
et Pétrarque. Au seizième siècle le génie moderne
brille de nouveau pour ne plus s'éteindre.

La marche de l'esprit humain à cette époque présente deux mouvemens très-distincts. Le premier,
favorisé par l'influence de Léon X et de François Ier,
est particulier à l'Italie et à la France; le second est
européen. — Le premier, caractérisé par les progrès
des lettres et des arts, est arrêté en France par les

---

(1) Sous le rapport de la culture des lettres, le quinzième siècle appartient tout entier au moyen âge. Pour
la dernière moitié de ce siècle, voyez *le Tableau chronologique de l'Histoire du Moyen Age*, par M. Desmichels.

guerres civiles, ralenti en Italie par les guerres étran-
·gères; dans cette dernière contrée, le génie des lettres
s'éteint bientôt sous le joug des Espagnols, mais
l'impulsion donnée aux arts s'y prolonge jusqu'au
milieu du siècle suivant. — Le second mouvement est
le développement d'un esprit audacieux de doute et
d'examen. Dans le XVIIe siècle, il doit être en partie
arrêté par un retour aux croyances religieuses, en
partie détourné vers les sciences naturelles ; mais il
reparaîtra au XVIIIe.

§ I. *Lettres et Arts.*

Indépendamment des causes générales qui ont
amené la renaissance des lettres, telles que les progrès de la sécurité et de l'opulence, la découverte
des monumens de l'antiquité, etc., plusieurs causes
particulières ont dû leur donner un nouvel essor
chez les Italiens du seizième siècle. 1° Les livres sont
devenus communs, grâce aux progrès de l'imprimerie. 2° Une foule de princes, et surtout les Médicis, encouragent les savans et les artistes ; les
écrivains illustres profitent moins de cette protection.

La poésie qui, avec les arts, fait la principale gloire
de l'Italie du seizième siècle, allie le goût et le génie
dans la première partie de cette période. — La
muse épique élève deux monumens immortels. —
La comédie et la tragédie présentent des essais, à

la vérité médiocres. — Les genres les plus opposés,
la satire et la pastorale, sont cultivés. C'est surtout
dans ce dernier genre que l'on remarque la décadence rapide du goût.

Le Boïardo	1490	Le Trissin	1550
Machiavel	1529	Le Tasse	1596
L'Arioste	1533	Le Guarini	1619

L'éloquence, production tardive des littératures,
n'a point le tems de se former. Mais plusieurs historiens approchent de l'antiquité.

Machiavel	1529	Bembo	1547
Fr. Guichardin	1540	Paul Jove	1552

Les langues anciennes sont cultivées autant que
dans l'âge précédent, mais cette gloire est éclipsée
par tant d'autres.

Pontanus	1503	A. J. Lascaris	1535
Alde Manuce	1516	Fracastor	1553
Jean Second, vers	1523	J. C. Scaliger	1558
Sannazar	1530	Vida	1568
Bembo	1547	P. Manuce	1574
Sadolet	1547	Alde Manuce	1597

La supériorité dans les arts est en Italie le trait
caractéristique du seizième siècle. Les anciens restent sans rivaux dans la sculpture, mais les modernes
les égalent dans l'architecture, et dans la peinture
ils les surpassent. — L'école romaine se distingue
par la perfection du dessin, l'école vénitienne par
celle du coloris.

Giorgion.	1511	Le Primatice, vers	1564
Bramante.	1514	Palladio , vers	1568
Léonard de Vinci	1518	Le Titien	1576
Raphael	1520	Le Veronèse	1588
Le Corrège.	1534	Le Tintoret.	1594
Le Parmesan.	1534	Le Caravage.	1609
Jules Romain	1546	Annibal Carrache.	1609
Michel-Ange.	1564	Louis et Augustin Carrache.	1618
Jean d'Udine	1564		

La France suit de loin l'Italie. L'historien Co-
mines est mort en 1509. — François Ier fonde
le Collége de France et l'Imprimerie royale, bâtit
Fontainebleau et commence le Louvre. Il encourage
le poète Marot (1544), et les frères du Bellay
(1543, 1560), négociateurs et historiens. Sa sœur,
Marguerite de Navarre (1549), cultive elle-même
les lettres. François Ier honore le Titien, attire en
France le Primatice et Léonard de Vinci. Sous lui fleu-
rissent Jean Cousin (1589), dessinateur et peintre, Jean
Goujon (1572), sculpteur et architecte ; les érudits
Guillaume Budée (1540), Turnèbe (1565), Muret
(1585), Henri Etienne (1598), célèbre imprimeur ;
enfin les illustres jurisconsultes Dumoulin (1566)
et Cujas (1590). — Après le règne de François Ier,
le poète Ronsard (1585) jouit d'une estime peu durable ; mais Montaigne (1592), Amiot (1593), et
la Satire Ménippée donnent un nouveau caractère à
la langue française.

Les autres pays sont moins riches en talens illustres. Cependant l'Allemagne a son peintre, Albert
Durer (vers 1514); le Portugal son poète, le Ca-

moëns (1579), les Pays-Bas et l'Ecosse leurs érudits et leurs historiens, Juste-Lipse (1606), et Buchanan (1582). Sur les quarante-trois universités fondées au seizième siècle, quatorze le furent par les seuls rois d'Espagne, dix par Charles-Quint.

§ II. *Philosophie et Sciences.*

La philosophie dans le siècle précédent n'a été cultivée que par des érudits. Elle s'est bornée à attaquer la scholastique et à lui opposer le platonisme. Peu à peu entraînée par un mouvement rapide, elle porte l'examen sur tous les objets. Mais on a trop peu d'observations, nulle méthode; l'esprit humain cherche au hasard. Beaucoup d'hommes découragés deviennent les plus audacieux sceptiques.

Érasme.	1536	Cardan.	1576
Vivès	1540	Montaigue.	1592
Rabelais	1553	Charron	1603

La théorie de la politique naît avec Machiavel; mais au commencement du seizième siècle les Italiens n'ont pas fait assez de progrès dans cette science pour voir qu'elle se concilie avec la morale.

Machiavel	1529	Bodin.	1596
Thomas Morus	1533		

Les sciences naturelles quittent les vains systèmes pour entrer dans la route de l'observation et de l'expérience.

Copernic	1543	Gessner	1565
Fallope.	1562	Paré	1592
Vesal	1564	Viete	1603

TROISIÈME PÉRIODE.

u Traité de VVestphalie à la Révolution française, 1648-1789.

Dans cette période, le principal mobile est purement politique ; c'est le *maintien du système d'équilibre*.
Elle se divise en deux parties, d'environ soixante-
dix ans chacune : avant la mort de Louis XIV,
1648-1715 ; depuis la mort de Louis XIV, 1715-
1789.

I. 1648-1715. Au commencement de la troisième
période, comme au commencement de la seconde,
l'indépendance de l'Europe est en danger. La France
occupe le rang politique que tenait l'Espagne, et
exerce de plus l'influence d'une civilisation supé-
rieure.

Tant que Louis XIV n'a pour adversaires que l'Espagne déjà épuisée, la Hollande, puissance toute
maritime, et l'Empire divisé par ses négociations, il
dicte des lois à l'Europe. Enfin, l'Angleterre, sous un
second Guillaume d'Orange, reprend le rôle qu'elle a
joué du tems d'Elisabeth, celui de principal antagoniste
de la puissance prépondérante. De concert avec la
Hollande, elle anéantit les prétentions de la France
à la domination des mers. De concert avec l'Au-

triche, elle la resserre dans ses limites naturelles, mais ne peut l'empêcher d'établir en Espagne une branche de la maison de Bourbon.

La Suède est la première puissance septentrionale. Sous deux conquérans, elle change deux fois la face du Nord, mais elle est trop faible pour obtenir une suprématie durable. La Russie l'arrête, et prend cette suprématie pour ne point la perdre. — Le système des états du Nord tient encore peu à celui des états du Midi, si ce n'est par l'ancienne alliance de la Suède avec la France.

II. 1715-1789. L'élévation des royaumes nouveaux de Prusse et de Sardaigne marque les premières années du dix-huitième siècle. La Prusse doit être avec l'Angleterre l'arbitre de l'Europe, pendant que la France est affaiblie, et que la Russie n'a pas atteint toute sa force. Mais l'importance de la Prusse tient en grande partie au génie d'un homme ; celle de l'Angleterre est fondée sur la nature des choses.

Il y a au dix-huitième siècle moins de disproportion entre les puissances. La nation prépondérante étant insulaire et essentiellement maritime, n'a d'autre intérêt relativement au continent que de maintenir l'équilibre. Telle est aussi sa conduite dans les trois guerres continentales entre les états de l'Occident.—L'Autriche, maîtresse de la plus grande partie de l'Italie, pourrait emporter la balance ; l'Angleterre, son alliée, la laisse dépouiller de Naples, qui devient un royaume indépendant.—La France veut anéantir l'Autriche. L'Angleterre sauve l'existence de l'Autriche, mais n'empêche pas la Prusse de l'affaiblir et de devenir sa rivale. — L'Autriche et la France veulent anéantir la Prusse. L'Angleterre la secourt, comme elle a secouru l'Autriche, directement par ses subsides, indirectement par sa guerre maritime contre la France.

Sur mer et dans les colonies l'équilibre est rompu par l'Angleterre. Les guerres coloniales, qui sont un des caractères de ce siècle, lui donnent l'occasion de ruiner la marine de la France et celle de l'Espagne, et de s'arroger sur les neutres une juridiction vexatoire. Mais la révolution la moins attendue ébranle cette puissance colossale. Les plus importantes colonies de l'Angleterre lui échappent; la Hollande, long-tems dépendante, s'arme contre elle; les neutres se liguent pour faire respecter leur pavillon. L'Angleterre ne peut reconquérir ses colonies; mais elle fait face à tous ses ennemis, fonde dans l'Orient un empire aussi vaste que celui qu'elle perd dans l'Occident, et reste maîtresse des mers.

La Russie grandit, et par son développement intérieur, et par l'anarchie de ses voisins. Elle agite long-tems la Suède, dépouille la Turquie, engloutit la Pologne, et s'avance dans l'Europe. Le système des états du Nord se mêle de plus en plus à celui des états du Midi et de l'Occident. Les révolutions et les guerres sanglantes qui vont éclater à la fin de la troisième période, confondront dans un seul système tous les états européens.

Iʳᵉ PARTIE DE LA TROISIÈME PÉRIODE.

Du Traité de Westphalie à la Mort de Louis XVI. 1648-1715.

CHAPITRE XVI.

Louis XIV, 1643-1715. Événemens politiques de son règne. Son administration.

§ I. *Evénemens politiques du règne de Louis XIV.*

Division : I. 1743-1661, L'ouvrage de Richelieu semble détruit par les troubles de la minorité de Louis XIV, comme celui d'Henri IV l'a été par les troubles de la minorité de Louis XIII ; il est conservé par l'adresse de Mazarin. — II. 1661-1678, la France développe ses ressources intérieures, s'agrandit, et parvient à la suprématie. — III. 1678-1698, La France abuse de sa puissance, et arme l'Europe contre elle. Elle rend ses conquêtes, mais reste au premier rang. — IV. 1698-1715, La France descend du premier rang ; mais son territoire n'est pas entamé, et elle donne un roi à l'Espagne.

. 1643-1661 ; Premières années de LOUIS XIV.

Ministère de Mazarin. Anne d'Autriche se fait déférer la régence sans restriction par le parlement. Prétentions de ce corps. Ambition du coadjuteur de Retz, du grand Condé, de Gaston, frère de Louis XIII, et des autres princes. 1648-1653, Troubles de *la Fronde. Barricades.* Arrestation des princes. 1651, Mazarin quitte la France. Turenne opposé à Condé. Combat du faubourg Saint-Antoine. 1553, Mazarin rentre dans Paris.

Condé à la tête des Espagnols. 1655, Alliance de la France avec Cromwell contre l'Espagne. 1658, Bataille des Dunes. 1659, *Traité des Pyrénées ;* la France garde le Roussillon, l'Alsace et une partie de l'Artois ; Louis XIV épouse l'infante Marie-Thérèse, qui renonce à tout droit sur la succession de son père. — Mort de Mazarin, 1661.

II. 1661-1678. Louis XIV gouverne par lui-même. Coup d'œil sur l'état de l'Europe : épuisement des peuples, incapacité des princes ; l'Espagne occupée par la guerre de Portugal, l'Autriche par celle des Turcs ; la Hollande sans stadthouder, et tout occupée de ses intérêts maritimes ; le roi d'Angleterre faible et vénal ; etc. Etat formidable de la France ; Colbert et Louvois ; Turenne et Condé. Louis XIV fait reconnaître la prééminence de la France en Europe. Il achète Dunkerque. Il donne des secours à l'empereur, au Portugal, aux Provinces-Unies.

1667-1668. Mort de Philippe IV, roi d'Espagne. Louis XIV fait valoir le droit de dévolution. Conquête de la Flandre par Turenne, de la Franche-Comté par Condé. Triple alliance de la Haye; trois états protestans, la Hollande, l'Angleterre et la Suède, soutiennent l'Espagne contre Louis XIV. 1668, *Paix d'Aix-la-Chapelle;* le Roi rend la Franche-Comté, mais garde ses conquêtes en Flandre.

Ressentiment de Louis XIV contre la Hollande. Il détache l'Angleterre de cette république. 1672, Conquête des Provinces-Unies. Inondation de la Hollande. Massacre des frères de Witt. Guillaume III élevé au stadthoudérat. — 1673, 1674, 1675, Ligue de l'Espagne, de l'Autriche, de l'Empire (et particulièrement du Brandebourg), et du Dane-marck; la France abandonnée par l'Angleterre n'a plus d'autre alliée que la Suède. 1673, Evacuation des Provinces-Unies. 1674, Nouvelle conquête de la Franche-Comté. Campagnes de Condé dans les Pays-Bas, de Turenne en Allemagne. Bataille de Senef. Turenne sauve l'Alsace par quatre victoires. Désolation du Palatinat. 1675, Mort de Turenne et retraite de Condé. 1676-1677. — Succès de Créqui en Allemagne, de Luxembourg dans les Pays-Bas; de Duquesne dans les parages de Sicile. Mort de Ruyter. Occupation de Messine. 1678, *Paix de Nimègue.* La Hollande recouvre ce qu'elle a perdu, et fait un traité de commerce avantageux; l'Espagne cède à la France la Franche-Comté et douze places-fortes des Pays-Bas ; l'Empire lui abandonne Fribourg à la place de Philipsbourg. Le Danemarck et l'électeur de Brandebourg (vainqueur des Suédois à Fehrbellin), sont obligés de rendre leurs conquêtes à la Suède, alliée de la France. Louis XIV arbitre de l'Europe.

III. 1678-1698. — De 1680 à 1684, Conquêtes en pleine paix. 1680, Chambres de réunion. 1681, Prise de Strasbourg. Acquisition de Casal. 1683, 1684, Bombardement d'Alger et de Gênes. Guerre contre l'Espagne. Invasion du duché du Luxembourg. 1684, Trève de Ratisbonne ; Louis garde Strasbourg, le duché de Luxembourg, et presque toutes ses conquêtes.

1685, Révocation de l'Édit de Nantes. 1685-1688, Intervention de Louis XIV dans les affaires de l'Empire. 1686, Ligue d'Augsbourg. [1688, révolution d'Angleterre ; Guillaume, prince d'Orange, devient roi d'Angleterre.] Louis XIV déclare la guerre à l'Empire, à l'Espagne, à la Hollande, à l'Angleterre, au Pape ; la Savoie et le Danemark entrent dans la ligue contre Louis XIV. — 1689-1692, Efforts du roi de France pour rétablir Jacques II sur le trône d'Angleterre. Descente en Irlande. Siége de Londonderry. Bataille de la Boyne. Guerre navale. Défaite des Français à la Hogue, 1692.

1689. Du côté de l'Allemagne, nouvelle dévastation du Palatinat. — Victoires de Luxembourg dans le Pays-Bas, et de Catinat dans le Piémont ; le premier gagne les batailles de Fleurus, 1690 ; de Steinkerque, 1692, et de Nerwinden, 1693 ; le second celles de Staffarde, 1690 ; et de Marsaille, 1693. L'habileté de Guillaume empêche les Français de profiter des victoires de Luxembourg ; celles de Catinat décident le duc de Savoie à négocier. 1696, Traité de Turin ; le duc de Savoie se sépare de la coalition, recouvre tous ses états, marie sa fille au duc de Bourgogne, et promet de faire garantir la neutralité d'Italie. — 1698, *Paix* générale *de Ryswick ;* la France reconnaît Guillaume III, rend à l'Angleterre, à la Hollande, à l'Espagne et à l'Empire toutes ses conquêtes, excepté Strasbourg et les pays réunis à l'Alsace. Rétablissement du duc de Lorraine.

IV. 1698-1710. — De 1700 à 1714, Guerre de la Succession. Situation de l'Espagne sous Charles II. Droits de Louis XIV, de l'empereur Léopold Ier, et du prince de Bavière. Deux traités de partage, du vivant de Charles II. 1700, Mort du Roi d'Espagne, et avénement de Philippe V. 1701, Alliance de l'Autriche, de l'Angleterre et de la Hollande, conclue à la Haye ; la Prusse, le Portugal et la Savoie y accèdent ; la France a pour elle les électeurs de Bavière et de Cologne. Eugène et Marlborough. — 1701-1702, en Italie, Eugène, vainqueur de Villeroi, est arrêté par Vendôme ; 1706, bataille de Turin ; les Français évacuent la Lombardie.—1704-1705, en Allemagne, Marlborough, vainqueur des Français à la bataille de

Hochstedt (ou de Blenheim), est arrêté par Villars. La Flandre et l'Espagne deviennent le principal théâtre de la guerre.

1706-1708. Victoire de Marlborough à Ramillies. Conquête de la Flandre. (1707, Bataille d'Almanza.) Défaite des Français à Oudenarde. 1709, Louis XIV demande en vain la paix. Sanglante bataille de Malplaquet. Les alliés ne peuvent entamer la France.

1710, Victoire de Vendôme à Villaviciosa, et affermissement de Philippe V en Espagne ; 1711, par la mort de son frère Joseph Ier, l'archiduc Charles prétendant à la succession d'Espagne, devient empereur ; 1712, chute et rappel de Marlborough. Ces trois événemens préparent la paix ; la victoire de Denain la décide. 1712,1713, *Paix d'Utrecht et de Rastadt :* Renonciation réciproque de Philippe V et des princes français aux couronnes de France et d'Espagne ; la France reconnaît l'ordre de succession établi en Angleterre, comble le port de Dunkerque, cède l'Acadie, Terre-Neuve, etc. Elle renonce à tout privilége commercial dans les colonies espagnoles et signe un traité de commerce avec l'Angleterre et la Hollande ; elle reconnaît la Prusse comme royaume. — L'Espagne cede à l'Angleterre Gibraltar et Minorque, et lui accorde un privilége de commerce avec ses colonies ; elle abandonne au duc de Savoie la Sicile ; à l'Autriche le royaume de Naples, le Milanais, la Sardaigne et les Pays-Bas. (Par le traité de la Barrière conclu en 1715, les Provinces-Unies occupent plusieurs places des Pays-Bas, afin de les défendre à frais communs avec l'Autriche.) Quant à l'état de l'Empire, on prend pour base la paix de Ryswick.

1715, Mort de Louis XIV.

§ II. *Administration de Louis XIV.*

Grandeur de la France sous Louis XIV. Son influence politique sur l'Europe.

Unité du gouvernement. 1655 et 1667, silence imposé au parlement.

Finances. Développement de la richesse nationale sous le ministère de Colbert, 1661-1683. Réglemens multipliés. Encouragemens donnés aux manufactures (draps, soieries, tapisseries, glaces, etc.). 1584, Canal du Languedoc. Embellissemens de Paris. 1698, Description du royaume. — 1660, Entraves mises au commerce des grains. 1664, Retranchement des rentes. Vers 1691, dérangement des finances. 1695, Capitation. 1710, Dixième et autres impôts. 1715, La dette monte à deux milliards six cent millions.

Marine. Nombreuse marine marchande. Cent soixante mille marins. 1672, Cent vaisseaux de guerre; 1681, deux cent trente. 1692, Premier échec, à la Hogue.

Guerre. 1666-1691, Ministère de Louvois. Réforme militaire. Uniformes. 1671, Usage des bayonnettes. Régimens de grenadiers et de hussards. Corps des ingénieurs. Ecoles d'artillerie. 1688, Milices. Service régulier des vivres. — Invalides. Ordre de Saint-Louis. — L'armée monte jusqu'à quatre cent cinquante mille hommes.

Législation. 1667, Ordonnance civile. 1670, Ordonnance criminelle. 1673, Code de commerce. 1685, *Code Noir.* Vers 1663, Répression du duel.

Affaires de religion. Querelles du jansénisme, qui se prolongent pendant tout le règne de Louis XIV. 1648-1709, Port-Royal-des-Champs. 1713, Bulle *Unigenitus.* — 1673, Troubles au sujet de la régale. 1682, Assemblée du clergé de France. — 1685-1699, Quiétisme. — 1685, Révocation de l'édit de Nantes. 1701-1704, Révolte des Cévennes.

CHAPITRE XVII.

Des Lettres, des Sciences et des Arts, au siècle de Louis XIV.

Le génie des lettres et des arts brille encore dans les états du Midi pendant la première moitié du dix-septième siècle. Le génie de la philosophie et des sciences éclaire les états du Nord, surtout dans la seconde. La France, placée entre les uns et les autres, réunit seule cette double lumière, étend sur tous les peuples policés la souveraineté de sa langue, et se place désormais à la tête de la civilisation européenne.

§ I. *France.*

La France, comme l'Italie, a son grand siècle littéraire après de longues agitations. — Un monarque, objet de l'enthousiasme national, anime et encourage le génie. — *L'esprit religieux* est, à cette époque, la première inspiration des lettres. La religion, entre les attaques du seizième siècle et celles du dix-huitième, anime ses défenseurs d'une force toute nouvelle. — Les lettres reçoivent en outre une impulsion particulière de l'*esprit social*, naturel aux Français, mais qui ne peut se développer que par les progrès de l'aisance et de la sécurité ; c'est à ce caractère que la littérature française doit sa supériorité dans la poésie dramatique, et dans tous les genres de peintures de mœurs. — Une capitale, une cour, sont l'arbitre du mérite littéraire ; peut-être n'y a-t-il pas moins d'originalité, et l'on atteint la perfection du goût.

Le dix-septième siècle présente deux périodes distinctes. En France, la première s'étend jusqu'en 1661, époque à laquelle Louis XIV commence à régner par lui-même, et à exercer quelque influence sur les lettres. Les écrivains qui ont vécu ou qui se sont formés dans cette période, ont encore pour la plupart quelque chose de l'âpreté du seizième siècle ; la pensée est plus hardie et souvent plus profonde·

Le goût est encore le privilége de quelques hommes de génie. A cette période appartiennent (outre les peintres Le Poussin et Le Sueur) un grand nombre d'écrivains : Malherbe, Racan , Brébeuf; Rotrou et le grand Corneille; Balzac et Voiture ; Sarrazin et Mézerai ; Descartes et Pascal. La Rochefoucauld , le cardinal de Retz, et Molière, marquent le passage de la première période à la seconde.

Le siècle de Louis XIV ne produisit pas d'épopée proprément dite ; le grand poème de ce siècle est écrit en prose. — Eclat de la poésie dramatique. La tragédie atteint d'abord la noblesse , la force et le sublime ; elle y joint ensuite la grâce et le pathétique. — La comédie de caractère , sans rivale chez les autres nations. Trois âges de la comédie française : philosophie profonde et gaîté naïve , gaîté sans philosophie , intérêt sans gaîté. — L'opéra s'élève au rang des ouvrages littéraires. — Elégance et sagesse de la poésie didactique. — La sátire attaque moins les vices que les ridicules ; et surtout les ridicules littéraires. — L'apologue devient un petit poème épique. — La poésie lyrique ne fleurit que tard , et déploie plus d'art que d'enthousiasme. — La pastorale reste faible , ou trop spirituelle. — La poésie légère est plus gracieuse que piquante.

Poètes dramatiques.

Rotrou	1630	Thomas Corneille	1709
Molière	1673	Regnard	1709
Pierre Corneille	1684	Brueys	1723
Quinault	1688	Campistron	1723
Racine	1799	Dancourt	1726
Boursault	1708	Crebillon	1762

Autres Poètes.

Malherbe	1628	Segrais	1701
Brébeuf	1661	Boileau	1711
Racan	1670	La Fare	1713
Benserade	1691	Chaulieu	1720
Mme Deshoulières	1694	J.-B. Rousseau	1741
La Fontaine	1695		

L'éloquence du barreau ne peut prendre l'essor. (Le Maistre, 1658; Patru, 1681; Pélisson, 1693). —L'éloquence de la chaire surpasse tous les modèles de l'antiquité. Le genre de l'oraison funèbre est créé.

Orateurs.

Cheminais	1689	Fléchier	1710
Mascaron	1703	Fénelon	1715
Bourdaloue	1704	Massillon	1743
Bossuet	1704		

L'histoire peu fidèle et froidement élégante, ou bien de pure érudition. Le *Discours sur l'Histoire universelle* ouvre à l'histoire une route nouvelle. — D'abondans matériaux sont déposés dans les mémoires et dans les correspondances des négociateurs. — Une foule d'autres genres sont cultivés avec succès. Les femmes donnent au roman de caractère ses premiers modèles, et rencontrent, dans la négligence d'une correspondance intime, la perfection du style familier. — La traduction fait quelques progrès. — Enfin la critique littéraire prend naissance.

Historiens.

Sarasin	1654	Le P. d'Orléans	1698
Péréfixe	1670	Amelot de la Houssaie	1706
Le cardinal de Retz	1679	Boulainvilliers, vers	1720
Mézerai	1683	Fleuri	1723
Le P. Maimbourg	1686	Rapin de Thoiras	1725
Mme de Motteville	1689	Daniel	1728
Saint-Réal	1692	Vertot	1735
Varillas	1696	Dubos	1742

Historiens-érudits.

Th. Godefroi	1648	Herbelot	1695
Sirmond	1651	Tillemont	1698
Pétau	1652	Cousin	1707
Labbe	1667	Mabillon	1707
Valois	1676	Ruinart	1709
Moréri	1680	Baluze	1718
Godefroi	1681	Basnage	1723
Ducange	1688	Montfaucon	1741

Littérateurs en divers genres.

Voiture	1648	Chapelle	1686
Vaugelas	1649	Ant. Arnaud	1694
Balzac	1654	Lancelot	1695
Du Ryer	1656	Mme de Sévigné	1696
Scarron	1660	Mlle de la Fayette	1699
D'Ablancourt	1664	Hamilton, vers	1700
Arnaud d'Audilly	1674	Bachaumont	1702
Le Bossu	1680	Bouhours	1702
De Saci	1684	Perrault	1703

Saint-Évremont	1703	Mme de Lambert	1735
Fénelon	1715	Dubos	1742
Tourreil	1715	Mongault	1747
Mme de Maintenon	1719	Le Sage	1747
Dufresni	1724	Fontenelle	1757
La Motte-Houdart	1731		

Généralement la morale est traitée comme un art plutôt que comme une science. — La métaphysique donne une impulsion nouvelle à l'esprit humain. — On commence à porter l'esprit philosophique dans les sciences naturelles. — Quelques sceptiques, isolés dans ce siècle religieux, semblent former la liaison du seizième siècle avec le dix-huitième.

Philosophes.

Descartes	1650	Bayle	1706
Gassendi	1655	Malebranche	1715
Pascal	1662	Huet	1721
La Mothe le Vayer	1672	Buffier	1737
La Rochefoucauld	1680	L'abbé de Saint-Pierre	1743
Nicole	1695	Fontenelle	1757
La Bruyère	1696		

Les sciences ne sont pas négligées. — Essor des mathématiques. — Naissance de la géographie. — Commencement des voyages scientifiques.

Savans et mathématiciens.

Descartes	1650	L'Hôpital	1704
Fermat	1652	Jacq. Bernouilli	1705
Pascal	1662	Nicolas Bernouilli	1726
Pecquet	1674	Jean Bernouilli	1748
Rohault	1675		

Géographes et Voyageurs.

Samson	1667	Tournefort	1708
Bochart	1669	Chardin	1713
Bernier	1688	De l'Isle	1726
Vaillant	1706		

L'érudition classique n'est pas moins cultivée qu'au XVIe siècle; mais elle est moins remarquée.

Erudits et Poètes latins.

Saumaise	1653	Jouvenci	1716
Lefèvre	1672	Mme Dacier	1720
Rapin	1687	Dacier	1722
Furetière	1688	De la Rue	1725
Ménage	1691	De la Monnoie	1728
Santeuil	1697	Le Clerc	1736
Commire	1702	Le cardinal de Polignac	1741
Danet	1709	Brumoi	1742

Quoique la gloire des arts ne fasse pas le caractère principal du siècle de Louis XIV, ils contribuent aussi à la splendeur de cette brillante époque. L'architecture y jette le plus grand éclat. La peinture, cultivée d'abord avec génie, éprouve une décadence qui doit s'accélérer dans le siècle suivant.

Peintres.

Le Sueur	1655	Mignard	1695
Le Poussin	1665	Jouvenet	1717
Le Brun	1690	Rigaud	1744

Sculpteurs.

Puget	1695	Coysevoix	1720
Girardon	1715		

Architectes.

Fr. Mansard	1666	Claude Perrault	1705
Le Nôtre	1700	H. Mansard	1708

Graveurs.

Callot	1635	Audran	1705
Nanteuil	1678		

Musicien.

Lulli	1687

§ II. *Angleterre, Hollande, Allemagne.* — *Italie, Espagne.*

L'Angleterre, l'Italie et l'Espagne suivent immédiatement la France, dans la carrière des lettres; les deux premières (avec la Hollande) la devancent dans celle des sciences. — Malgré quelques hommes supérieurs, le développement de l'Allemagne ne commence pas encore. — L'Italie, dans la première moitié du 17ᵉ siècle, conserve la gloire de la peinture, que la Flandre partage avec elle.

1° *Littérature.* Les noms de Bacon et de Shakespeare marquent le premier essor du génie anglais. Mais les guerres religieuses arrêtent long-tems toute spéculation; c'est cependant à elles que l'on doit rapporter le phénomène du *Paradis perdu* (malgré la tardive apparition de ce poème, 1669). — Sous Charles II, l'Angleterre est soumise à l'influence littéraire, comme à l'influence politique de la France; et cet esprit d'imitation subsiste

dans toute la période *classique* de la littérature anglaise (de l'avénement de Charles II à la mort de
la reine Anne , 1661-1714). Dans cette période ,
l'Angleterre produit trois grands poètes (Dryden ,
Addisson et Pope), beaucoup de poètes ingénieux ,
et plusieurs prosateurs distingués.

Poètes Anglais.

Shakespeare.	1616	Waller.	1687
Denham	1666	Dryden.	1701
Cowley.	1667	Rowe.	1718
Milton	1674	Addisson.	1719
Rochester	1680	Prior	1721
Butler,	1680	Congrève.	1729
Roscommon.	1684	Gay.	1732
Otway.	1685	Pope.	1744

Prosateurs Anglais.

Clarendon.	1674	Addisson.	1719
Tillotson.	1694	Steele.	1729
Temple.	1698	Swift.	1745
Burnet	1715	Bolingbroke.	1751

La littérature italienne a perdu son éclat. Elle présente quelques historiens estimables ; mais la poésie
est envahie par le bel esprit et l'affectation.

Poètes Italiens.

Marini.	1625	Salvator Rosa	1673
Tassoni.	1635		

Historiens Italiens.

Sarpi.	1625	Bentivoglio.	1644
Davila	1634	Nani.	1678

La littérature espagnole offre un prodige de philosophie et de gaîté; bien loin après le nom de Cervantes viennent ceux de deux tragiques célèbres, et de plusieurs historiens.

Ecrivains Espagnols.

Cervantès	1616	Lopes de Vega	1635
Mariana	1624	Solis	1686
Herrera	1625	Calderone	1687

2° *Philosophie.* L'Angleterre, préparée par les controverses théologiques et politiques, ouvre à la métaphysique et à la science politique des routes nouvelles. — L'Allemagne oppose un seul homme à tous les métaphysiciens, comme à tous les savans Anglais. — Un Hollandais érige l'athéisme en système; mais un autre philosophe de la même nation donne à la morale une forme scientifique, et montre qu'elle doit régir les rapports des sociétés, comme ceux des individus. La nouvelle science, appuyée d'abord sur l'érudition, l'est ensuite sur la philosophie.

Philosophes et politiques Anglais.

Bacon	1626	Locke	1704
Hobbes	1679	Shaftesbury	1713
Sidney	1683	Clarke	1729
Cudworth	1688		

Philosophes et politiques Hollandais.

Grotius	1645	S'Gravesande	1742
Spinosa	1677		

Philosophes et politiques Allemands.

Puffendorf	1694	Wolf	1754
Leibnitz	1616		

3° *Sciences*. Elles ont eú, dans Bacon, leur lé-gislateur et comme leur prophète: mais elles ne re-çoivent leur direction véritable, que de Galilée et de Newton. A la suite de ces grands hommes se rangent une foule de savans.

Savans Anglais.

Bacon	1626	Les Gregory... 1646, 1675,	1708
Harvey	1657	Newton	1726
Barrow	1677	Halley	1741
Boyle	1691		

Savans Italiens.

Aldovrandi	1615	Borelli	1679
Sanctorius, vers	1622	Viviani	1703
Galilée	1642	Cassini	1712
Toricelli	1647		

Savans Hollandais.

Huygens	1702	Boerhaave	1758

Savans Allemands et Danois.

Kepler	1630	Kirkher	1680
Ticho-Brahé	1636	Stahl	1734

4° *Érudition*. Elle s'exerce sur des objets plus variés. Les antiquités du moyen âge et de l'Orient partagent les travaux des érudits, jusqu'alors exclu-sivement occupés de l'antiquité classique. — *Érudits Anglais :* Owen, Farnabe, Ussérius, Bentley, Mars-ham, Stanley, Hyde, Pocock. — *Érudits de Hol-lande et des Pays-Bas :* Barlœus, Shrevelius, Heinsius, les Vossius. — *Érudits Allemands :* Freinshemius, Gronovius, Morhof, Fabricius, Spanheim. — *Eru-dits Italiens :* Pagi, Muratori, etc.

5° *Arts.* Les arts suivent en Italie la décadence des lettres. La peinture seule fait exception. École lombarde, école flamande.

Peintres italiens.

Le Guide..............	1642	Le Guerchin..............	1666
L'Albane..............	1647	Salvator Rosa	1673
Lanfranc..............	1647	Le Bernin, sculpteur, architecte	
Le Dominiquin..........	1648	et peintre	1680

Peintres flamands.

Rubens..............	1640	Rembrandt	1688
Vandick..............	1641	Le jeune Teniers..........	1694
Le vieux Teniers........	1649		

CHAPITRE XVIII.

Révolutions de l'Angleterre et des Provinces-Unies, 1648-1715. — Colonies des Européens pendant le dix-septième siècle (pour celles des Hollandais avant le traité de Westphalie, voyez leurs guerres contre les Espagnols, chap. XII).

§ I. *Révolutions de l'Angleterre et des Provinces-Unies.*

Angleterre. Le gouvernement militaire du protectorat contraire aux habitudes de la nation. Les Stuarts indisposent les Anglais par la faveur qu'ils accordent aux catholiques et par leur union avec Louis XIV. Guillaume et Anne gagnent les Anglais par une conduite opposée. Cependant l'union du prince et de la nation n'est complète que sous la maison de Hanovre.

IIIᵉ Partie de la révolution d'Angleterre (voy. le chap. XIII), 1649-1688. — 1649-1660, *Répu-*

blique d'Angleterre. Charles II proclamé roi en Ecosse, et soutenu par les Irlandais. Cromwell soumet l'Irlande et l'Écosse. Batailles de Dumbar et de Worcester. — 1651, Acte de navigation. 1652-1654, Guerre contre la Hollande. — 1653, Cromwell chasse le parlement.

1653-1658, CROMWELL Protecteur. Alliance avec la France contre l'Espagne. Dunkerque remis à Cromwell. Son gouvernement intérieur. 1658, Sa mort.

1658-1660. RICHARD CROMWELL Protecteur. Son abdication. *Le Rump* bientôt dissous. Monck. Rappel des Stuarts.

1660-1685, CHARLES II. 1660-1667, Ministère de Clarendon. Procès des régicides. Rétablissement de l'épiscopat. Bill d'uniformité. Déclaration de tolérance. Dunkerque vendu à la France. 1664-1667, Guerre contre la Hollande. Incendie de Londres imputé aux catholiques. 1667, Disgrâce de Clarendon. Révolte des presbytériens d'Ecosse.

1670-1685. *La Cabale.* Alliance secrète avec Louis XIV. 1672-1674, Guerre contre la Hollande. Bill du *Test.* Prétendue conspiration des catholiques. 1679, Le duc d'Yorck exclu de la succession au trône. Bill d'*Habeas corpus.* 1680, *Whigs* et *Torys.* 1681-1685, Charles II n'assemble plus de parlement. 1583, Mort de Russel et de Sidney.

1685-1688, JACQUES II. Invasion et supplice

d'Argyle et de Monmouth. Jefferies. Ambassade solennelle à Rome. Dispense du *Test*. Procès des évêques. — Politique de Guillaume, prince d'Orange. 1688, Il passe en Angleterre. Fuite de Jacques. (Voyez chap. XVI.)

IV. 1689-1714, GUILLAUME III et MARIE II. 1689, Déclaration des droits. 1690, 1691, Guerre d'Irlande. 1694, Parlement triennal. 1701, Acte de succession en faveur de la maison de Hanovre ; limitation de la prérogative.

1702-1714, ANNE. 1706, l'Angleterre et l'Ecosse réunies.

Provinces - Unies. 1647-1650. GUILLAUME II. 1650-1672, Vacance du stadthoudérat, supprimé en 1667. Administration de Jean de Witt. 1652-1654 1664-1667, 1672-1674, Guerres contre l'Angleterre. Tromp et Ruyter. 1672, Le stadthoudérat rétabli en faveur de GUILLAUME III, à l'occasion de l'invasion de la Hollande par Louis XIV. (Pour les événemens qui suivent, voyez chap. XVI.) 1702-1747, Seconde vacance du stadthoudérat, de la mort de Guillaume III à l'avénement de GUILLAUME IV. 1715, Traité de la Barrière.

§ II. *Colonies des Européens pendant le dix-septième siècle.*

Au commencement du dix-septième siècle, les Hollandais et les Anglais ont enlevé à l'Espagne

8

l'empire des mers; au milieu, ils se disputent eux-mêmes cet empire ; à la fin, ils s'unissent contre la France, qui menace de le conquérir. —

Les comptoirs hollandais sont désormais sans rivaux dans l'Orient, comme les colonies espagnoles dans l'Amérique méridionale. Mais, deux puissances nouvelles, les Anglais et les Français, s'établissent sur le continent septentrional de l'Amérique et aux Antilles, et s'introduisent dans l'Inde.

Les colonies qui, au commencement du siècle, n'étaient guères que des spéculations particulières, autorisées par le gouvernement, prennent de plus en plus le caractère de provinces de la métropole. La guerre s'étend souvent des métropoles aux colonies, mais les colonies ne sont pas encore pour l'Europe des causes de guerre.

Colonies hollandaises. La puissance prépondérante du Mogol empêche les Hollandais de faire des établissemens considérables sur le continent. — Maîtres des îles, ils s'occupent presque exclusivement du commerce des épiceries et des drogueries. — Point d'émigrations nationales comme en Angleterre ; ce sont des comptoirs plutôt que des colonies.

Suite des conquêtes des Hollandais sur les côtes et dans les îles de l'Inde. 1653, Colonie du Cap de Bonne-Espérance. 1667, Conquête de Surinam. 1645-1661, Guerre contre les Portugais dans le Brésil.

Colonies anglaises. Politique invariablement favorable aux colonies , malgré les révolutions de la métropole.

Fondation des colonies anglaises dans l'Amérique septentrionale. [Expéditions de Raleigh depuis 1583]. 1606, Compagnies de Londres et de Plymouth pour le commerce de la Virginie et de la Nouvelle-Angleterre. Fondation de l'état de Massachuset, 1621 ; de la ville de Boston, 1627 ; des états de Rhode-Island, 1630 ; du Maryland, 1632 ; de New-York et de New-Jersey, 1635 ; de la Caroline, 1663 ; de la Pensilvanie, 1682. — Vers 1610, pêche de Terre-Neuve et du Groënland. — 1625, 1632, Établissemens aux Antilles. 1655, Conquête de la Jamaïque.

Première compagnie des Indes orientales fondée dès 1600. 1623, Massacre d'Amboine. 1662, Acquisition de Bombay. Fondation de Calcutta. Vers 1690, Guerre contre Aureng-Zeb. — 1698, Seconde compagnie des Indes orientales. — Réunion des deux compagnies en 1702.

En Afrique, diverses compagnies privilégiées. Vers 1670-1680, Construction des forts de Saint-James et de Sierra-Leone.

Colonies françaises. Les Français suivent un système moins exclusif que les autres nations : mais leurs colonies principales ne sont que des pêcheries, des comptoirs pour le commerce des pelleteries, ou des plantations de denrées coloniales qui ne sont pas encore en Europe l'objet d'une consommation universelle.

1625-1635, Etablissemens particuliers aux Antilles, à Cayenne et au Sénégal. Colbert achète au nom du Roi tous les établissemens des Antilles. 1630, Origine des boucaniers et des flibustiers. 1664, La France prend sous sa protection leur établissement à Saint-Domingue ; cette partie de l'île lui reste à la paix de Ryswick, 1698. 1664-1674, Première compagnie privilégiée des Indes occidentales. 1661, l'Acadie, disputée par l'Angleterre à la France, reste à cette dernière jusqu'à la paix d'Utrecht, 1713. 1680, Entreprise sur la Louisiane.

1679, 1685, Compagnies d'Afrique. — 1664, Compagnies des Indes orientales. Tentatives sur Madagascar. 1675, Comptoir à Surate. 1679, Fondation de Pondichéry. Défense d'importer les produits industriels de l'Inde. Ruine de la compagnie.

Colonies danoises, peu importantes, à Tranquebar, vers 1620 ; et à Saint-Thomas, 1671.

~~~~~~~~~~~~~~~~~~~~~~~~~~~~~~~~~~

CHAPITRE XIX.

États méridionaux. Empire d'Allemagne. 1648-1713.

§ I. *Portugal, Espagne, Italie.*

Tous les états du Midi semblent frappés de langueur. Le Portugal a recouvré son indépendance; mais, abandonné par la France, il se dévoue à l'Angleterre, dont il sera de plus en plus dépendant.

L'Espagne parvient au dernier degré de faiblesse, et se relève un peu sous une nouvelle dynastie. L'Italie semble encore soumise à l'Espagne ; mais on y sent l'influence du roi de France et de l'Empereur, dont les familles rivales doivent bientôt se disputer la possession de cette contrée.

Portugal. 1656-1667, ALPHONSE VI, successeur de Jean IV. Il s'allie à l'Angleterre, 1661. 1663, 1665, Victoires de Schomberg sur les Espagnols. 1667, Déposition d'Alphonse VI. — 1667-1706, PIERRE II. 1668, Paix avec l'Espagne, qui reconnaît l'indépendance du Portugal. 1669, Paix avec les Provinces-Unies, qui conservent leurs conquêtes sur les Portugais dans les Indes orientales. 1703, Le Portugal accède à la grande alliance contre la France, et n'obtient à la paix d'Utrecht qu'une meilleure limitation pour ses colonies dans l'Amérique méridionale. 1703, Traité de commerce *de Methuen* avec l'Angleterre.

Espagne. 1665-1700, CHARLES II successeur de Philippe IV. Langueur de la monarchie espagnole, dépouillée successivement par la France. Extinction de la branche espagnole d'Autriche. — Avénement de la maison de Bourbon. 1700-1746, PHILIPPE V. 1701-1713, Guerre de la succession. 1713, Convocation des Cortez ; abolition de *la succession castillane.*

Italie. L'affaiblissement de l'Espagne dans le dix-septième siècle semble devoir rendre quelque liberté aux petits princes italiens. Trop peu encouragés par la France, ils se tournent du côté de l'Empereur. Venise seule, dans ses guerres contre les Turcs, annonce encore quelque vigueur.

1647-1648, Révolte de Naples sous Masaniello et le duc de Guise ; révolte de Palerme. 1674-1678, Révolte de Messine. Louis XIV proclamé roi de Sicile. — Le roi de France fait encore sentir trois fois sa suprématie en Italie. 1664,1687, Insultes faites au Pape. 1684, Bombardement de Gênes. — 1708, 1709, Les duchés de Mantoue et de la Mirandole confisqués par l'Empereur. — Grandeur de la maison de Savoie, sous VICTOR-AMÉDÉE II, 1675-1730. L'Angleterre, pour assurer l'équilibre de l'Italie, lui fait accorder, par le traité d'Utrecht, 1713, la dignité royale et la possession de la Sicile.

§ II. *Empire, Hongrie et Turquie.*

Empire, Les principaux événemens qui ont lieu de 1648 à 1713 dans l'empire germanique semblent en préparer la dissolution. 1º Les divisions religieuses et politiques que le traité de Westphalie est loin d'avoir fait cesser, amènent les protestans à une sorte de scission (création du *corps évangélique*). 2º La France en négociant avec chaque prince séparément, donne à tous les membres du corps germanique une importance individuelle. 3º L'élévation des électeurs de Saxe et de Hanovre (plus tard, celle d'un prince de Hesse-Cassel) à des trônes étrangers engage l'Allemagne dans toutes les affaires de l'Europe. 4° La création du royaume de Prusse rompt l'unité de l'Empire.

L'Allemagne trouve cependant des principes d'union dans son état d'hostilité à l'égard des Français et des Turcs, et dans la fondation des *Diètes permanentes.*

L'Empire ne voit pas d'abord que l'ancien système n'existe plus, et regarde encore la France comme sa protectrice contre la maison d'Autriche. Les réunions d'Alsace lui ouvrent les yeux, et la maison d'Autriche se retrouve véritablement à la tête du corps germanique. Toute-puissante sous Joseph Ier, elle s'affaiblit de nouveau, malgré son agrandissement matériel, par l'incapacité de Charles VI, qui, ne songeant qu'à faire garantir sa pragmatique, sacrifie toujours le présent à l'avenir.

1648-1657, Fin du règne de FERDINAND III. 1654, Formation du *corps évangélique.* 1656, partage de la succession de Saxe. — 1658-1705, LÉOPOLD Ier élu de préférence à Louis XIV et à l'électeur de Bavière. 1658, Ligue du Rhin sous l'influence de la France. 1663, Diète perpétuelle de Ratisbonne. 1680, Réunions d'Alsace. 1685, Extinction de la branche palatine de Simmern. 1688, Élection de l'archevêque de Cologne. 1692, Création d'un neuvième électorat en faveur de la maison de Hanovre (agrandie récemment par la succession de Saxe-Lauenbourg). 1697, Auguste II, électeur de

Saxe, élevé au trône de Pologne. 1700-1701, la Prusse érigée en royaume; FRÉDÉRIC Ier. 1705, Confiscation de la Bavière.

1705-1711. JOSEPH Ier, Empereur. 1708, Rétablissement des électeurs-rois de Bohême dans les droits comitiaux. Réunion du Mantouan à l'Empire. — 1711-1740, CHARLES VI, Empereur. Capitulation perpétuelle. 1713, Pragmatique-sanction de Charles VI. 1714, La maison de Hanovre appelée au trône d'Angleterre, dans la personne de l'électeur Georges.

Hongrie et Turquie. La maison d'Autriche étouffe pour toujours la résistance de la Hongrie, rend ce royaume héréditaire, et depuis la réunion de la Transilvanie n'a plus rien à craindre des Turcs. — La Turquie déploie encore quelque vigueur, mais elle est en proie à l'anarchie, elle éprouve les plus sanglantes défaites, et ne compense pas par ses conquêtes sur les Vénitiens les pertes qu'elle fait du côté de la Hongrie.

1655-1687, LÉOPOLD Ier. — 1648-1687, MA-HOMET IV. Mécontentement des Hongrois. Troubles de la Transilvanie. Conquêtes des Turcs arrêtés par la victoire de Montecuculli à Saint-Gotthard, 1664. *Trève de Temeswar*; les Turcs conservent leurs conquêtes. [1667, Siège mémorable de Candie, prise aux Vénitiens par les Turcs].

Nouveaux troubles de Hongrie. Exécution des comtes Zrini, Frangepan, etc. Persécutions religieuses. Suppression de la dignité de Palatin. 1677, Guerre civile. Tœkœli, soutenu par les Turcs. 1683, Vienne assiégée par le grand-visir Kara-Mustapha, et délivrée par Sobieski. Venise et la Russie prennent parti pour l'Autriche. Victoires de Charles de Lorraine, de Louis de Bade et du prince Eugène. 1686. Conquête de la partie de la Hongrie soumise aux Turcs, de la Transilvanie et de l'Esclavonie. 1687, Diète de Presbourg ; le trône de Hongrie déclaré héréditaire.

1687-1740, JOSEPH Ier, CHARLES VI. — 1687-1730, SOLIMAN III, ACHMET II, MUSTAPHA II, ACHMET III. Les Autrichiens envahissent la Bulgarie, la Servie et la Bosnie, bientôt reprises par le grand-visir Mustapha Kiuperli. 1691. Défaite et mort de Kiuperli à Salankemen. 1697, Défaite du Sultan Mustapha II à Sentha. 1699. *Paix de Carlowitz;* l'Empereur conserve la Hongrie (moins Temeswar et Belgrade), la Transilvanie et l'Esclavonie; la Porte cède la Morée aux Vénitiens, Kaminiec aux Polonais, Azow aux Russes.

1703, Soulèvement des Hongrois et des Transilvains, sous François Rakoczi, appaisé en 1711.

1715, La Morée reconquise sur les Vénitiens par les Turcs. L'Empereur Charles VI, le pape et le roi d'Espagne arment pour les Vénitiens. Siége de Corfou. 1716, Victoire du prince Eugène à Peterwaradin ; 1717, devant Belgrade. 1718, *Paix de Passarowitz;* les Vénitiens perdent la Morée ; l'Empereur gagne Temeswar, Belgrade et une partie de la Valachie et de la Servie.

CHAPITRE XX.

États du Nord. Charles XII et Pierre-le-Grand.. 1648-1725.

La Suède, qui depuis Gustave-Adolphe joue un rôle au-dessus de ses forces réelles, a la suprématie, et tend à l'empire du Nord. Charles-Gustave, moins politique que guerrier, ne parvient qu'à lui assurer les côtes de la Baltique. Après lui, le sénat qui gouverne vend ses secours à la France, et compromet la gloire militaire de la Suède. — Réunie de nouveau sous le pouvoir monarchique, la Suède redevient conquérante, et réalise un moment tous les projets de Charles-Gustave. Mais elle retombe, épuisée par ses efforts héroïques, à la place que sa faiblesse et la grandeur croissante de la Russie lui marquent désormais.

Le Danemarck semble profiter moins que la Suède à l'établissement du pouvoir absolu. Il voit passer la suprématie du Nord, de la Suède à la Russie, comme auparavant de la Pologne à la Suède. Mais ce qui lui importe le plus, c'est que toute autre puissance que la Suède soit prépondérante dans la Baltique.

La Pologne reçoit dans sa constitution de nouveaux élémens d'anarchie. Elle a besoin d'un législateur; Jean Sobieski n'est qu'un héros. L'éclat nouveau dont elle brille sous lui, appartient tout entier au souverain. Avec le dix-huitième siècle, commence

pour la Pologne un âge de dépendance des étrangers ;
les dissentions religieuses qui s'y développent, doivent amener à la fin du siècle l'anéantissement de la
Pologne, comme état indépendant.

La Russie, n'ayant pas encore une organisation
régulière, ne peut agir puissamment au dehors. Elle
cède d'abord à la Suède, mais prend sur la Pologne
un ascendant qui doit toujours s'accroître. Le nivel-
lement des rangs prépare l'établissement du pouvoir
absolu, qui donnera à la Russie l'organisation intérieure et l'influence extérieure. — Sous Pierre le
Grand, toutes les forces sont concentrées dans la
main du prince ; la Russie se fait jour jusqu'aux trois
mers qui la bornent, et devient, dans l'espace d'un
seul règne, une nation européenne, et la nation dominante du Nord.

§ I. *Etats du Nord, dans la seconde moitié du
dix-septieme siecle.*

Suède et Danemarck. 1654, Abdication de Chris-
tine, fille de Gustave-Adolphe. 1654-1660, CHARLES-
GUSTAVE, X^e du nom. Il rompt la trève avec la Pologne. 1656, bataille de Varsovie. 1657, Le Tzar
Alexis, l'Empereur Léopold, le roi de Danemarck,
FRÉDÉRIC III, et l'électeur de Brandebourg, Frédé-
ric-Guillaume, se liguent contre la Suède. Charles-
Gustave évacue la Pologne, et envahit le Danemarck.
1658, Paix de Roschild, bientôt rompue par le roi

de Suède. Il échoue devant Copenhague. Intervention
de la Hollande. 1660, Mort de Charles-Gustave ;
minorité de CHARLES XI.

1660, *Traité de Copenhague :* le Danemarck cède
à la Suède les provinces de Scanie, de Bleckingie,
de Halland et de Bahus ; *Traité d'Oliva :* le roi de
Pologne renonce à ses prétentions à la couronne de
Suède, et abandonne à cette puissance la Livonie et
l'Estonie, il reconnaît l'indépendance de la Prusse
ducale; 1661, *Traité de Kardis :* la Russie rend à
la Suède ses conquêtes en Livonie.

1675-1679, Revers de la Suède, alliée de Louis
XIV. Supériorité du Danemarck, allié de l'électeur
de Brandebourg. 1679, La Suède recouvre ses provinces dans l'Empire, à la paix de Nimègue.

Les gouvernemens de Danemarck, 1660, et de
Suède, 1680, deviennent d'aristocratiques qu'ils
étaient, purement monarchiques. 1660, Le roi de
Danemarck, déclaré par les états héréditaire et absolu. 1680, 1683, 1693, Le roi de Suède affranchi
par les états de la domination du sénat, et déclaré
absolu ; réunion violente des domaines royaux. —
1680-1697, La Suède, sous Charles XI, augmente
ses forces, comme pour se préparer à la guerre qu'elle
doit soutenir au commencement du dix-huitième siècle ; 1660-1699, la puissance du Danemarck accrue
de même par la nouvelle forme du gouvernement,
sous FRÉDÉRIC III et CHRISTIERN V, est affaiblie par
la querelle des deux branches de la famille royale

(branche régnante, branche ducale de Holstein-Gottorp); cette querelle doit être l'occasion de la guerre
générale du Nord.

Pologne. 1648-1674, Règnes malheureux de JEAN
CASIMIR et de MICHEL WIESNIOWICKI. 1652, Origine du *liberum veto.* Casimir essaie en vain de se
donner pour successeur le fils du grand Condé. 1647-
1667, Soulèvement des Cosaques, soutenus par les
Tatars et (depuis 1654) par les Russes. 1668, Abdication de Jean Casimir. 1671, Nouvelle guerre des
Cosaques, soutenus par les Turcs. 1673, Victoire
de Jean Sobieski sur les Turcs, à Choczim.

1674-1696, JEAN SOBIESKI. Ce héros défend la
Pologne contre les Turcs, délivre l'Autriche (V. le
ch. XIX); mais il est obligé, en 1686, d'acheter
l'alliance des Russes contre les Ottomans, en leur
cédant Smolensko, Tschernigow, Nowgorod-Se-
verskoi, Kiovie, la petite Russie, et la suzeraineté
des Cosaques *Zaporogues.* — 1797, Élection d'AU-
GUSTE II, électeur de Saxe.

Russie. 1645-1676, ALEXIS *Michaïlowitsch.* La
Russie commence à s'agrandir aux dépens de la Pologne. Troubles intérieurs. — 1676-1682, FÉDOR II
Alexiéwitsch. Abolition des rangs et prérogatives héréditaires de la noblesse. — 1682-1689, IWAN V et
PIERRE Ier. Sophie, leur sœur, gouverne en leur
nom. 1685, Révolte des Strelitz.

1689-1725, PIERRE le Grand.

§ II. *États du Nord au commencement du XVIIIe siècle. Charles XII et Pierre-le-Grand.*

1699, Alliance secrète du Danemarck, de la Pologne et de la Russie, contre la Suède. 1700, Invasion du Sleswic par les Danois, de la Livonie par le roi de Pologne et par le Tzar. Charles XII débarque en Zélande, et assisté des Anglais et des Hollandais, oblige Frédéric IV à signer la paix de Traventhal. Victoire du roi de Suède sur les Russes, à Narva. 1702-1706, Autres victoires sur les Polonais et les Saxons. Charles XII fait déposer Auguste, et élève au trône de Pologne Stanislas Lesczinski. 1706, Invasion de la Saxe; Auguste renonce à la couronne de Pologne.

1708, Charles XII attaque Pierre-le-Grand, qui vient d'envahir une partie de l'Ingrie, de la Livonie, et de la Pologne. Il s'enfonce dans l'Ukraine. 1709, Défaite de Charles XII devant Pultawa. Renouvellement de l'alliance d'Auguste II, de Frédéric IV, et de Pierre-le-Grand, contre la Suède. Auguste II rétabli en Pologne. Invasion du Holstein et de la Scanie, des provinces de la Suède en Allemagne, et conquête définitive de l'Ingrie, de la Livonie et de la Carélie.

1709-1713, Charles XII, réfugié à Bender, excite les Turcs contre les Russes. Ses espérances trompées par le traité du Pruth. 1711, Retour de Charles XII en Suède. 1715, Ligue de la Russie, du Danemarck et de la Pologne, avec la Prusse et l'Angleterre, contre la Suède. Ministère de Goertz. Négociations avec Pierre-le-Grand. 1718, Charles XII est tué devant Friedrichshall, en Norwège.

1719, 1720, 1721, *Traités de Stockholm et de Nystadt.* La Suède cède au Hanovre Brême et Verden ; à la Prusse, Stettin et une partie de la Poméranie ; elle reconnaît Frédéric-Auguste pour roi de Pologne: elle renonce, à l'égard du Danemarck, à l'exemption des péages du Sund, et lui garantit la possession du Slesvic ; enfin elle abandonne à la Russie, la Livonie, l'Estonie, l'Ingrie et la Carélie.

Ces pertes immenses, et surtout l'affaiblissement du pouvoir royal, contre lequel a prévalu de nouveau l'aristocratie, ôtent à la Suède toute importance politique pour un demi-siècle.

1689-1725, *Règne de Pierre-le-Grand.* Grandes vues de ce prince : 1° il entreprend de civiliser la Russie à l'imitation des autres nations de l'Europe ; il attire les étrangers, et fait lui-même de longs voyages ; le premier, 1697, en Hollande et en Angleterre, pour s'instruire dans les arts mécaniques et dans la marine ; le second, 1717, en Allemagne, en Danemarck et en France, pour mieux connaître les intérêts politiques de l'Europe ; 2° il fait de la Russie une puissance maritime. Pour s'ouvrir la navigation de la mer Noire, il attaque les Turcs, et leur prend, en 1696, le port d'Azow, qu'il perd en 1711 ; pour s'ouvrir la navigation de la Baltique, il fait la guerre à la Suède, 1700-1721, et fonde, en 1703, Saint-Pétersbourg, qui devient la capitale de son empire. Vers le commencement de son règne, il donne une nouvelle importance au port d'Archangel, sur la mer Blanche, et vers la fin, 1722, il enlève aux Persans Derbent, sur la mer Caspienne.

3° Il renverse toutes les barrières qui pouvaient arrêter le pouvoir absolu; il casse la milice des Strelitz, 1697; il abolit la dignité patriarchale, 1721.

Organisation de l'armée; écoles; réforme des finances, de la législation, de la discipline ecclésiastique, du calendrier. Police. Manufactures; canaux; commerce de caravanes avec la Chine.

Le Fort; Menzikoff. Pierre épouse Catherine, 1707; fait condamner à mort son fils Alexis, 1718; prend le titre d'empereur, 1721; ordonne que les princes régnans puissent désigner leur successeur, 1722.

IIᵐᵉ PARTIE DE LA TROISIÈME PÉRIODE.
1715-1789.

CHAPITRE XXI.

État de l'Occident après la paix d'Utrecht, et la mort de Louis XIV. Guerres et Négociations relatives à la succession d'Espagne 1715-1738.

Le traité d'Utrecht n'a point satisfait les deux principales parties interessées dans la guerre de la succession d'Espagne. Cependant l'union étroite de la France, de l'Angleterre et de la Hollande, empêche deux fois la guerre générale d'éclater (1720-1727), et prolonge la paix pendant vingt ans (1713-1733).

L'élection de Pologne embrase enfin toute l'Europe ; les intérêts de la grande puissance Orientale commencent à se mêler à ceux des états Occidentaux ; les Russes apparaissent la première fois sur le Rhin. La France ne parvient pas à donner un roi à la Pologne, malgré la Russie ; mais l'Autriche, alliée de la Russie, fournit tous les dédommagemens de la guerre : la France se fortifie par l'acquisition de la Lorraine, l'Espagne recouvre, pour un de ses princes, le royaume de Naples. L'Autriche rentre ainsi peu à peu dans ses anciennes limites, d'où la paix de Rastadt l'avait fait sortir.

Angleterre. 1714-1727, Avénement de la maison de Hanovre, dans la personne de GEORGES I⁽ᶜⁱ⁾. Ce prince entièrement livré aux Wighs. L'Angleterre, toujours plus puissante depuis la paix d'Utrecht, exerce la même influence sur la Hollande, qui décline insensiblement.

France. 1715-1723, Minorité de LOUIS XV. Régence du duc d'Orléans. Ce prince, inquiété par le roi d'Espagne et par les princes légitimés, se lie étroitement avec l'Angleterre, qui de son côté craint les entreprises du prétendant.

Espagne. 1700-1746, PHILIPPE V. Il est gouverné

d'abord par la princesse des Ursins, ensuite par sa seconde femme, Élisabeth, de Parme. 1715-1719, Ministère d'Alberoni.

Autriche. 1711-1740, CHARLES VI. La maison d'Autriche est considérablement agrandie, mais non fortifiée par le traité d'Utrecht. Troubles religieux de l'Empire. Guerre civile de Hongrie. Guerre des Turcs.

Toutes les puissances, excepté l'Espagne, sont intéressées au maintien de la paix d'Utrecht, et s'efforcent pendant vingt ans de la prolonger par des négociations.

Vastes projets d'Alberoni, pour reconquérir les pays démembrés de la monarchie espagnole, pour dépouiller le duc d'Orléans de la régence, et pour rétablir le prétendant sur le trône d'Angleterre. Ses négociations avec Charles XII et Pierre-le-Grand, 1717, Triple alliance (le régent de France avec le roi d'Angleterre et la Hollande). 1717-1718, La Sardaigne et la Sicile reconquises par les Espagnols. Conspiration de Cellamare contre le régent.

1718, *Quadruple alliance* (la France, l'Angleterre et la Hollande, avec l'Empereur). L'Espagne est forcée d'y souscrire, 1720. L'Empereur renonce à l'Espagne et aux Indes; le roi d'Espagne à l'Italie et aux Pays-Bas; l'infant don Carlos reçoit l'investiture des duchés de Toscane, de Parme et de Plaisance, considérés comme fiefs de l'empire, lesquels seront occupés provisoirement par des troupes neutres; l'Autriche prend pour elle la Sicile, et donne la Sardaigne en échange au duc de Savoie.

1721-1725, Congrès de Cambrai. Difficultés suscitées par l'Empereur et le roi d'Espagne, relativement à la forme des renonciations ; par l'Empereur, relativement à l'acceptation de sa *pragmatique sanction* ; par la Hollande et l'Angleterre, relativement à la compagnie d'Ostende ; par les ducs de Parme et de Toscane, relativement aux investitures accordées à l'infant don Carlos.

1625, Rupture du congrès de Cambrai ; le duc de Bourbon, premier ministre de France, décide cet événement en renvoyant l'infante pour faire épouser à Louis XV la fille du roi de Pologne fugitif, Stanislas Leczinski. Paix de Vienne entre l'Autriche et l'Espagne ; alliance défensive, à laquelle accèdent la Russie et les principaux états catholiques de l'Empire. Alliance de Hanovre entre la France, l'Angleterre et la Prusse, à laquelle accèdent la Hollande, la Suède et le Danemarck.

Plusieurs causes préviennent la guerre générale prête à éclater : 1º la mort de Catherine Iᵉ, impératrice de Russie ; 2º le caractère pacifique des principaux ministres de France et d'Angleterre, le cardinal Fleury (1727-1743), et Robert Walpole (1721-1742). Médiation du pape ; préliminaires de Paris. 1728, Congrès de Soissons. 1729, Paix de Séville (entre la France, l'Angleterre et l'Espagne). 1731, *Traité de Vienne :* l'Angleterre et la Hollande garantissent la pragmatique de Charles VI ; il renonce à faire le commerce des Indes par les Pays-Bas, et consent à l'occupation de Parme et de Plaisance par les Espagnols.

1733 , Mort d'Auguste II, roi de Pologne. Deux prétendans à la couronne : Auguste III , électeur de Saxe, fils du feu roi, soutenu par la Russie et l'Autriche ; Stanislas , beau-père de Louis XV, soutenu par la France, alliée à l'Espagne et à la Sardaigne. L'Angleterre et la Hollande restent neutres, malgré leur alliance avec l'Autriche. Stanislas est chassé par les Russes et les Saxons ; mais la France et l'Espagne attaquent l'Autriche avec succès. Occupation de la Lorraine. Prise de Kehl. 1734 , l'Empire se déclare contre la France. Prise de Philipsbourg. Conquête du Milanais par les armées sardes et françaises. Victoires de Parme et de Guastalla. — 1734 , 1735 , Conquête du royaume de Naples et de la Sicile par les Espagnols. Victoires de Bitonto. L'infant don Carlos couronné roi des deux Siciles.

L'arrivée de dix mille Russes sur le Rhin , la médiation des puissances maritimes , et le désir de confirmer l'établissement des Bourbons d'Espagne en Italie , malgré la jalousie des Anglais , déterminent le cardinal de Fleury à traiter avec l'Autriche. 1738, *Traité de Vienne :* Stanislas reçoit, en dédommage- du trône de Pologne , la Lorraine , qui , à sa mort , doit passer à la France ; François, duc de Lorraine,

gendre de l'Empereur, reçoit en échange le grand-
duché de Toscane, comme fief de l'Empire (le dernier Médicis étant mort sans postérité); les Deux-
Siciles et les ports de Toscane sont assurés à l'infant
don Carlos (CHARLES III); l'Empereur recouvre le
Milanais, le Mantouan, Parme et Plaisance. Novare,
Tortone restent au roi de Sardaigne.

CHAPITRE XXII.

Guerre de la Succession d'Autriche, 1741-1748; et Guerre de Sept Ans, 1756-1763.

Le milieu du dix-huitième siècle est marqué par
deux ligues européennes tendant à l'anéantissement
des deux grandes puissances germaniques. L'une de
ces puissances, autrefois prépondérante, excite par
sa faiblesse et son isolement l'ambition de tous les
états; l'autre, par son élévation subite, allume leur
jalousie. Chacune d'elles successivement engage toute
l'Europe dans la lutte qu'elle soutient contre sa rivale.
Chacune d'elles triomphe à son tour, heureusement
pour les agresseurs eux-mêmes, dont l'imprudence
allait rompre l'équilibre continental.

Les deux guerres n'en sont véritablement qu'une,
séparée par une trêve de six ans. Quoiqu'elles aient la
même durée, le nom de *Guerre de Sept Ans* est resté
exclusivement à la seconde.

§ I. *Guerre de la succession d'Autriche.* 1741-1748.

Prétentions contradictoires des princes alliés contre

l'Autriche. Le roi de Prusse sait seul ce qu'il veut, et l'obtient.

D'abord (1741-1744) le but est d'anéantir l'Autriche ; puis (1744-1745) de délivrer la Bavière. Jusqu'ici l'Allemagne est le théâtre de la guerre ; la Prusse et la France sont les parties principales contre l'Autriche. Dans le reste de la guerre, la France, partie principale, combat surtout en Italie et dans les Pays-Bas.

L'Angleterre soutient l'Autriche par ses négociations et par ses armes ; à cette occasion, commence ce système de subsides par lequel elle achète la direction de la politique continentale. L'Autriche subsiste, et ne perd que trois provinces ; mais elle est profondément humiliée par la perte de la Silésie, et ne peut consentir à l'élévation du roi de Prusse, devenu avec l'Angleterre l'arbitre de l'Europe.

1740, Mort de l'Empereur Charles VI, dernier mâle de la Habsbourg-Autriche. Sa pragmatique sanction, garantie par tous les états de l'Europe, assure sa succession à sa fille aînée Marie-Thérèse, épouse de François de Lorraine, duc de Toscane, au préjudice des filles de Joseph Ier. Les époux de ces princesses, Charles Albert, électeur de Bavière (descendant de l'Empereur Ferdinand Ier), et Auguste II, électeur de Saxe, roi de Pologne, font valoir leurs droits à la succession d'Autriche. Philippe V, roi d'Espagne, réclame la Bohême et la Hongrie ; Frédéric II, roi de Prusse, une partie de la Silésie ;

Charles Emmanuel, roi de Sardaigne, le Milanais. La France, entraînée par les frères de Belle-Isle, malgré le cardinal de Fleury, appuie les prétentions de ces diverses puissances.

Abandon de Marie-Thérèse ; l'Angleterre, encore sous le ministère de Walpole, et occupée d'une guerre contre l'Espagne ; la Suède, engagée par les intrigues de la France dans une guerre malheureuse contre la Russie. — 1740, 1741, Le roi de Prusse envahit la Silésie, et gagne la bataille de Molwitz. 1741, L'électeur de Bavière et les Français s'emparent de la Haute-Autriche, et envahissent la Bohême. 1742, L'électeur de Bavière élu Empereur sous le nom de CHARLES VII.

Héroïsme de Marie - Thérèse. Dévouement des Hongrois à sa cause. Elle reçoit des subsides de la Hollande et de l'Angleterre. 1742, Chute du ministre pacifique Walpole. La Sardaigne se déclare pour Marie-Thérèse. Une escadre anglaise force le roi de Naples à la neutralité. La médiation de l'Angleterre, et la défaite de Czaslau, décident Marie-Thérèse à céder la Silésie au roi de Prusse, qui se détache de la ligue ; traité de Berlin. L'électeur de Saxe, roi de Pologne, suit l'exemple du roi de Prusse. 1743, L'armée *pragmatique* de Georges II victorieuse à Dettingen ; traité de Worms (entre Marie-Thérèse et le roi de Sardaigne). Les Français évacuent la Bohême, l'Autriche, la Bavière, et sont repoussés en deçà du Rhin.

1744, La France déclare la guerre à la reine de Hongrie et au roi d'Angleterre. Union de Francfort, conclue entre la France, la Prusse, l'électeur palatin, le landgrave de Hesse et l'Empereur, pour faire reconnaître ce dernier, et le rétablir dans ses états héréditaires. Frédéric envahit la Bohême. Les Français rentrent en Allemagne. Les Impériaux reprennent la Bavière. 1745, Mort de Charles VII. Maximilien Joseph, son fils, traite avec la reine de Hongrie à Fuessen. Élection au trône impérial de FRANÇOIS Ier, époux de Marie-Thérèse.

Frédéric s'assure la possession de la Silésie par les victoires de Hohenfriedberg, de Sorr et de Kesselsdorf, et par l'envahissement de la Saxe, force l'électeur et la reine à signer le traité de Dresde. Les Français continuent la guerre avec succès en Italie, 1745; secondés par les Génois, par le roi de Naples et par les Espagnols, ils établissent l'infant don Philippe dans les duchés de Milan et de Parme; dans les Pays-Bas, sous le maréchal de Saxe, ils gagnent les batailles de Fontenoy, 1745, et de Raucoux, 1746. 1745-1746; Expédition de Charles Edouard, fils du prétendant, qui force l'Angleterre de rappeler le duc de Cumberland des Pays-Bas.

1746, Les Français et les Espagnols battus à Plaisance. L'armée espagnole rappelée par le nouveau roi, Ferdinand VI. Les Autrichiens chassent les Français de la Lombardie, s'emparent de Gênes, et envahissent la Provence. La révolution de Gênes les oblige à repasser les Alpes. — 1747, Conquête de la Flandre hollandaise par les Français. Le stadt-houdérat rétabli et déclaré héréditaire en faveur de Guillaume IV, prince de Nassau Dietz. Victoire des Français à Lawfeld, et prise de Berg-op-Zoom. 1748, Le siége de Maëstricht décide la Hollande et l'Angleterre à traiter La France y est décidée par l'arrivée des Russes sur le Rhin, par la destruction de sa marine, et la perte de ses colonies. *Paix d'Aix-la-Chapelle;* la France . l'Angleterre et la Hollande se rendent leurs conquêtes en Europe et dans les deux Indes ; Parme, Plaisance et Guastalla sont cédés à don Philippe (frère des rois de Naples et d'Espagne, et gendre de celui de France); la pragmatique de Charles VI, la succession de la maison de Hanovre en Angleterre et en Allemagne, la possession de la Silésie par le roi de Prusse, sont confirmées et garanties.

§ II. *Guerre de Sept Ans.*

La jalousie de l'Autriche arme l'Europe contre un souverain qui ne menace point l'indépendance commune. L'Angleterre lutte en même tems contre la France et l'Espagne. Frédéric et William Pitt, unis d'intérêts, conduisent séparément la guerre continentale et la guerre maritime.

Supériorité de Frédéric ; son génie militaire ; discipline de ses troupes ; habileté de ses lieutenans, le prince Henri, Ferdinand de Brunswick, Schwérin,

Seidlitz, Schmettau, Keith. L'Autriche lui oppose, comme généraux, Brown, Dawn, Laudon, et, négociateur, Kaunitz.

La France, en attaquant l'Angleterre dans le Hanovre, force ce royaume et les états voisins à devenir le rempart de Frédéric, et néglige la guerre maritime. — Le pacte de famille trop tardif pour être utile à la France.

Frédéric sort vainqueur de sa lutte contre l'Europe. La Prusse subsiste, et garde la Silésie. L'Angleterre atteint son but, la destruction de la puissance maritime de la France. Frédéric, quoique affaibli, partage toujours le premier rang avec l'Angleterre. Mais il ne désire plus la guerre, et l'union de la France et de l'Autriche promet une longue paix continentale (1763-1789).

1756, Alliance de l'Angleterre avec la Prusse, de la France avec l'Autriche. 1757, La Suède, la Russie et l'Empire accèdent à la ligue contre le roi de Prusse. Partage projeté des états de ce monarque.

Il prévient ses ennemis en attaquant la Saxe. Il occupe Dresde, bat les Autrichiens à Lowositz, et fait poser les armes aux Saxons à Pirna. — La France s'empare de Minorque, mais bientôt elle néglige la guerre maritime pour attaquer l'Angleterre dans le Hanovre. Succès des Français. Victoire de Hastenbeck. Convention de Closter-Seven. — Frédéric entre en Bohême, gagne la bataille de Prague ; il est repoussé et défait à Kolin. Un de ses lieutenans est battu par les Russes à Jægerndorf. Danger de sa situation. Il évacue la Bohême, passe en Saxe, et bat les Français et Impériaux à Rosbach.

Frédéric retourne en Silésie, et répare la défaite de Breslaw par la victoire de Lissa. Il envahit successivement la Moravie, la Bohême, empêche la jonction des Autrichiens avec les Russes ; remporte sur ceux-ci la victoire long-tems disputée de Zorndorf, 1758. Il est surpris à Hochkirchen par les Autrichiens. 1759, Les Prussiens battus par les Russes à Palzig ; par les Russes et les Autrichiens à Kunersdorf; par les Autrichiens à Maxen. Les vainqueurs ne profitent pas de leurs succès. Les Prussiens, battus de nouveau à Landshut, sont vainqueurs à Liegnitz et à Torgau, 1760. Ils reprennent la Silésie, et envahissent de nouveau la Saxe.

1758-1762, Campagnes malheureuses des Français. 1758, Ferdinand de Brunswick, les ayant chassés du Hanovre, passe le Rhin, et gagne la bataille de Crevelt. Les Français occupent la Hesse, et Ferdinand repasse le Rhin. 1759, Victoire de Broglie à Berghen. Défaite des Français à Minden. 1760, Dévouement du chevalier d'Assas ; combat de Clostercamp. 1761, Les Français vainqueurs à Grumberg, vaincus à Fillingshausen.

1759, Mort du roi d'Espagne, Ferdinand VI ; il a pour successeur son frère, le roi de Naples, CHARLES III, qui laisse le trône de Naples à son troisième fils, Ferdinand IV. 1761, *Pacte de famille* négocié par le duc de Choiseul entre les diverses branches de la maison de Bourbon (France, Espagne, Naples, Parme). L'Espagne déclare la guerre à l'Angleterre et au Portugal. — 1760, Mort du roi d'Angleterre, Georges II. GEORGES III. 1762, Démission de Pitt. — 1762, Mort d'Élisabeth, impératrice de Russie. PIERRE III. CATHERINE II rappelle les troupes russes de la Silésie, et se déclare neutre.

1762, *Paix d'Hambourg* entre la Prusse et la Suède. *Paix de Paris* entre la France, l'Angleterre, l'Espagne et le Portugal. Le roi de Prusse, par la victoire de Freyberg et la prise de Schweidnitz, décide l'impératrice et le roi de Pologne, électeur de Saxe, à signer la *paix à Hubertsbourg*. Le premier et le dernier traité rétablissent les choses en Allemagne dans l'état où elles étaient avant la guerre. Pour le second, voyez le Chapitre XXIII.

CHAPITRE XXIII.

Colonies des Européens pendant le XVIIIᵉ siècle.

Grandeur croissante des colonies, surtout des anglaises et des françaises, à la faveur du calme dont elles jouissent au commencement du dix-huitième siècle. Débit immense des denrées coloniales. Relâchement du système de monopole, surtout en Angleterre depuis l'avénement de la maison de Hanovre. —

Les colonies deviennent pour l'Europe une cause de guerres fréquentes, jusqu'à ce que les principales se séparent de leurs métropoles.

La prépondérance maritime est assurée à l'Angleterre par l'abaissement de la France (traité d'Utrecht), et surtout par l'ascendant qu'elle a pris sur la Hollande. Cependant la lutte recommence bientôt entre la France et l'Angleterre. Le théâtre de cette lutte est le nord de l'Amérique, les Antilles et les Indes orientales, où la décadence du Mogol ouvre un vaste champ aux Européens. La France succombe d'abord dans l'Amérique septentrionale. Mais les colonies anglaises, n'ayant plus à craindre le voisinage des Français, s'affranchissent avec leur secours du joug de l'Angleterre. Celle-ci trouve une compensation dans les établissemens indiens des Hollandais auxquels elle succède, et dans la conquête du continent de l'Inde.

Division : I. 1713-1739, Histoire des colonies, de la paix d'Utrecht à la première guerre. — II. 1739-1765, Guerres des métropoles, à l'occasion de leurs colonies.—III. 1765-1783, Première guerre des colonies contre leurs métropoles. — IV. 1739-1789, Fin de l'histoire des colonies, dans le XVIIIᵉ siècle.

I. 1713-1739, Commerce de contrebande des Français, et surtout des Anglais, entre eux, et avec les colonies espagnoles. Nouvelle liberté de commerce accordée aux colonies, par l'Angleterre, 1739, 1752 ;

et par la France, 1717. Introduction de la culture du café, à Surinam, 1718; à la Martinique, 1728; dans l'île de France et dans l'île de Bourbon, vers 1736; dans les colonies anglaises de l'Amérique septentrionale, 1732.

1711, Compagnie *anglaise* de la mer du Sud. 1732, Formation de la province de Géorgie. — Nouvelle importance des Antilles *françaises*. 1717, Compagnie de Mississipi et d'Afrique, à laquelle on réunit celle des Indes-Orientales. 1720, Acquisition de l'île de France et de l'île de Bourbon. 1722-1733, Différends entre les Français et les Anglais, au sujet des îles *Neutres*. — Décadence des colonies orientales des *Hollandais*. Prospérité de Surinam. — Riches produits de la colonie *portugaise* du Brésil. 1719, 1733, Agrandissement des possessions *danoises* dans les Antilles. — 1731, Commerce de la *Suède* avec la Chine.

II. 1739-1765, Premières guerres des métropoles, à l'occasion des colonies. —1739, Guerre entre l'Espagne et l'Angleterre, à l'occasion du commerce de contrebande que faisait cette dernière puissance avec les colonies espagnoles. Les Anglais prennent Porto-Bello, et assiégent Carthagène. Cette guerre se mêle à celle de la succession d'Autriche. 1740, Expédition de l'amiral Anson. 1745, Prise de Louisbourg. — 1746-1748, Succès des Français aux Indes. La Bourdonnaie prend Madras aux Anglais; Dupleix les repousse de Pondichéry. 1748, Restitution mutuelle

des conquêtes, au traité d'Aix-la-Chapelle. — Nouvelles conquêtes de Dupleix.

Différends qui subsistent au sujet des limites de
l'Acadie et du Canada, et relativement aux îles *neu-*
tres. 1754, Assassinat de Jumonville, et prise du fort
de la Nécessité. 1758, Bataille de Québec; mort de
Wolf et de Montcalm. Perte du Canada; des Antilles; des possessions dans les Indes-Orientales. 1762,
Par le traité de Paris, la France recouvre ses colonies,
excepté le Canada et ses dépendances, et le Sénégal;
elle s'engage à ne plus entretenir de troupes au Bengale; l'Espagne cède la Floride à l'Angleterre.

1757-1765, Conquêtes de lord Clive, dans les Indes-Orientales. Acquisition du Bengale, et fondation
de l'empire anglais, dans les Indes.

III. 1765-1783, Première guerre des colonies
contre leurs métropoles. — Etendue, population et richesses des colonies anglaises de l'Amérique septentrionale. Leurs constitutions démocratiques. Elles sen-
tent moins le besoin de la protection de la métropole,
depuis que le Canada n'appartient plus aux Français,
ni la Floride aux Espagnols. Leur assujettissement
au monopole britannique. Le gouvernement anglais
entreprend d'introduire des taxes dans ces colonies.

1765, Acte du timbre. 1766, Acte déclaratoire.
1767, 1770, Impôt sur le thé. 1773, Insurrection
de Boston. Acte coërcitif. 1774, Congrès de Phila-
delphie. 1775, Commencement des hostilités, Wa-

shington, général en chef des troupes américaines.
1776, Déclaration d'indépendance. Établissement du
gouvernement fédératif des *États-Unis d'Amérique.*
1777, Capitulation de Saratoga.

1778, La France s'allie aux Américains; guerre
entre la France et l'Angleterre. La France met dans
ses intérêts l'Espagne et la Hollande. 1780, *Neutra-*
lité armée. L'Angleterre déclare la guerre à la Hollande.
— 1778, Combat d'Ouessant. Les Français s'emparent de plusieurs des Antilles anglaises, et du Sénégal; les Anglais de plusieurs des Antilles françaises
et hollandaises, et des possessions hollandaises à la
Guiane. 1779-1782, l'Espagne prend Minorque et
la Floride occidentale; mais assiége inutilement Gibraltar. 1782, Victoire de Rodney sur le comte de
Grasse, dans les Antilles. — 1779-1783, Les Anglais
s'emparent des possessions françaises et hollandaises,
sur le continent de l'Inde. Victoires de Suffren.

1777-1781, Campagnes peu décisives des Anglais
et des Américains, secourus par les Français. 1781,
Capitulation de Cornwallis, dans Yorck-Town. —
[1782, Ministère de Fox, en Angleterre.] 1783-
1784, *Traités de Versailles et de Paris;* l'indépendance des États-Unis d'Amérique est reconnue par
l'Angleterre; la France et l'Espagne recouvrent leurs
colonies, et gardent, la première le Sénégal, et les
îles de Tabago, Sainte-Lucie, Saint-Pierre et Mi-
quelon; la seconde Minorque, et les Florides. La Hol-

lande cède aux Anglais Négapatnam, et leur assure la libre navigation dans les mers de l'Inde.

IV. 1779-1789. — Progrès des *Anglais* dans les Indes-Orientales. 1767-1769, et 1774-1784, Leurs guerres contre les sultans de Mysore, Hyder-Aly et Tippoo-Saëb, et contre les Marattes.—1773 et 1784, Nouvelle organisation de la compagnie des Indes-Orientales, tendant à donner plus d'unité à l'administration, et à la rendre plus dépendante du gouvernement anglais.

1768-1780, Voyages du capitaine Cook. —1786, Colonie de nègres libres à Sierra-Leone. — 1788, Colonie de Sidney-Cove, dans la Nouvelle Galles.

Colonies espagnoles. Prise de Porto-Bello, par les Anglais, 1740, et de la Havane, 1762. 1764, Acquisition de la Guiane française, et de la Louisiane, cédées par la France ; et, en 1778, des îles d'Annobon et de Fernand del Po, cédées par le Portugal. — Nouvelle organisation de l'Amérique espagnole. 1776, Quatre vice-royautés, et huit capitaineries indépendantes. 1748-1784, Relâchement successif du système de monopole. 1785, Compagnie des Philippines.

Colonies françaises. 1763, Tentative de colonisation à Cayenne. Prospérité de Saint-Domingue. Poivre importe la culture des épices à l'île de France, 1770. — *Colonies hollandaises.* Leur décadence, depuis le commencement du siècle dans les Indes orientales : depuis la guerre d'Amérique dans les Indes occidentales. — *Colonies portugaises.* 1777, Guerre entre le Portugal et l'Espagne, qui s'empare de San-Sacramento. Division du Brésil en neuf gouvernemens. 1755-1759, Le marquis de Pombal enlève le commerce aux jésuites, et le met entre les mains de plusieurs compagnies privilégiées. 1755, Émancipation des indigènes du Brésil.

Colonies danoises. 1777, La compagnie cède au gouvernement ses possessions dans les Indes. — *Colonies suédoises.* 1784, Acquisition de Saint-Barthélemi. — 1762, Liberté du commerce *russe* avec la Chine. 1787, Compagnie russe, pour le commerce de pelleterie, dans l'Amérique septentrionale.

CHAPITRE XXIV.

Histoire intérieure des États Occidentaux. 1715-1789

France. I. 1715-1743. Avénement de LOUIS XV, en 1715. Testament de Louis XIV, cassé par le parlement. Philippe d'Orléans, régent, 1715-1723. Prétentions du parlement, des princes légitimés, des ducs et pairs. Intrigues de l'Espagne. 1718, Conspiration de Cellamare, et révolte de Bretagne.—1716, Refonte des monnaies, et *visa.* 1717-1721, Système de Law.

1723-1726, Ministère du duc de Bourbon. Im-

pôt universel du cinquantième. Edit contre les protestans.

1726-1743, Ministère du cardinal Fleury. D'A-
guesseau. Economie de Fleury. Retranchement des
rentes. Marine négligée. 1727-1732, Troubles du
jansénisme.

II. 1743-1774, Plusieurs ministres se succèdent,
Machault et d'Argenson, Bernis, Silhouette, etc.
Désordre des finances. 1749-1759, Nouveaux trou-
bles du jansénisme. 1757, Assassinat de Louis XV.
— 1758-1770; Ministère du duc de Choiseul. 1764,
Expulsion des jésuites. Le duc de Choiseul relève la
marine française. — 1770-1774; Ministère de Terray,
Meaupou, etc. 1771, Dissolution du parlement.

III. 1774-1789, LOUIS XVI. Rétablissement du
parlement. Ministère de Maurepas, Turgot, Males-
herbes, Saint-Germain et Vergennes. 1776-1781, Ministère de Necker. 1783-1787, Ministère de Calonne.
1787, Assemblée des notables. 1787-1788, Ministère de Loménie de Brienne. 1788, Rappel de Necker.
1789, *États-généraux*.

Corse. Soulèvement de cette île contre les Génois,
dans le commencement du XVIIIe siècle. 1731, Les
Génois implorent les secours de l'Empereur. 1734,
La Corse se déclare république indépendante. 1736,
Le roi Théodore. 1737, Les Génois appellent les
Français. 1755, Pascal Paoli. 1768, Gênes cède la
Corse à la France.

Genève. 1768, Intervention de la France dans les troubles de cette républiqne. 1782, Nouveaux troubles. Médiation armée des trois puissances voisines. 1789, Nouvelle constitution.

Suisse. Sa neutralité. Troubles intérieurs.

Italie. Dans la première moitié du XVIIIe siècle, comme dans la première moitié du XVIe, les Français, les Espagnols et les Allemands se disputent l'Italie. Mais les guerres du XVIe siècle avaient changé les principaux états italiens en provinces de monarchies étrangères; celles du XVIIIe leur rendent des souverains nationaux. — Administration bienfaisante des princes de la maison de Lorraine, en Toscane. 1765-1790, PIERRE LÉOPOLD. — 1730, Abdication de VICTOR AMÉDÉE II, roi de Sardaigne, en faveur de CHARLES EMMANUEL III. Captivité du vieux roi. La maison de Savoie perd son éclat, sous VICTOR AMÉDÉE III, 1773-1796. — Les Deux-Siciles reprennent quelque vie, sous les princes de la maison de Bourbon. CHARLES Ier, 1734-1759, et FERDINAND IV.

Espagne. Sa faiblesse, malgré l'établissement de la famille royale, en Italie. 1724, Abdication momentanée de PHILIPPE IV, en faveur de LOUIS Ier. 1746-1759, FERDINAND VI. — 1759-1788, CHARLES III passe du trône de Naples à celui d'Espagne. Liaisons étroites avec la France. Ministère d'Aranda, de Campomanès, etc.

Portugal. Langueur de ce royaume, sous Jean V, 1706-1750. — 1750-1777, JOSEPH Ier. Réforme universelle et violente du marquis de Pombal. Abaissement de la noblesse. 1759, Expulsion des jésuites. La révolution, opérée par Pombal, ne laisse aucune trace. 1777-1788, PIERRE III et MARIE.

Angleterre. Attachement de la nation pour la maison de Hanovre. Tentatives du Prétendant. Accroissement de l'influence de la couronne dans le parlement. — Développement immense de l'industrie, et du commerce intérieur et extérieur. Système des emprunts. Accroissement effrayant de la dette. — 1714-1727, GEORGE Ier. — 1727-1760, GEORGE II — 1760, GEORGE III. — 1721-1742, Ministère de Robert Walpole. 1756-1761, Ministère de William Pitt (lord Chatam). Rivalité de Fox et du second Pitt, qui commence son ministère en 1783.

Empire. Bouleversement momentané, à l'occasion de la succession d'Autriche. La conquête de la Silésie, en rendant irréconciliables la Prusse et l'Autriche, rompt pour jamais l'unité de l'Empire. Tandis que le lien politique se relâche, une sorte de lien moral se forme pour l'Allemagne, par le développement d'une langue, d'une littérature, d'une philosophie communes. — 1711-1740, CHARLES VI. — 1742-1745, CHARLES VII — 1745-1765, FRANÇOIS Ier et MARIE-THÉRÈSE. — 1765-1790, JOSEPH II. Douceur du gouvernement de Marie-Thérèse, dans ses états héréditaires. Innovations de Joseph II. 1787, Soulèvement des Pays-Bas autrichiens.

Prusse. Elle double dans ce siècle d'étendue et de population. Force et unité du gouvernement. Trésor. Organisation toute militaire. — 1713-1740, FRÉDÉ-RIC-GUILLAUME Ier. 1740-1786, FRÉDÉRIC II, dit *le Grand.* — 1786, FRÉDÉRIC-GUILLAUME II.

Bavière. 1777, Extinction de la branche cadette de la maison de Wittelsbach, par la mort de l'élec-teur Maximilien Joseph. La succession doit revenir à l'électeur palatin. Prétentions de l'empereur Joseph II, et de Marie-Thérèse; de l'électrice douairière de Saxe, et des ducs de Mecklenbourg. 1778, Accord de la cour de Vienne avec l'électeur palatin. Le roi de Prusse soutient les réclamations du duc de Deux-Ponts, héritier de l'électeur palatin, et envahit la Bo-hême et la Silésie autrichienne. Intervention de la France et de la Russie. 1779, La succession de Ba-vière est assurée à l'électeur palatin, qui dédommage les autres prétendans.

Hollande. Elle s'affaiblit par sa longue dépendance de l'Angleterre. Formation du parti anti-anglais. 1747-1751, Rétablissement du stadthoudérat, en faveur de GUILLAUME IV, de la branche cadette de Nassau Orange. — 1751-1795, GUILLAUME V. — 1781-1785, Démêlés des Hollandais avec Joseph II. — 1783-1788, Soulèvement contre le stadthouder. Intervention des cours de Berlin et de Versailles. Une armée prussienne fait prévaloir le stadhouder. La Hollande renonce à l'alliance de la France, pour celle de la Prusse et de l'Angleterre.

CHAPITRE XXV.

Etats du Nord et de l'Orient, 172~–1789.

§ I. *Affaires générales du Nord et de l'Orient. Révolutions de la Russie et de la Pologne.*

L'impulsion donnée à la Russie par Pierre *le Grand* dure jusqu'à l'avénement de Catherine *la Grande*, quoique ralentie pendant la période où les étrangers sont exclus du gouvernement (1741-1762). L'avénement de Catherine est une ère nouvelle pour la Russie.

Le développement de cette puissance est favorisé par la situation de ses voisins. Cependant la Suède est sauvée par une révolution intérieure; la Turquie, par la jalousie des états européens. La Russie, en se mettant à la tête d'une opposition contre la toute-puissance maritime de l'Angleterre, se rend incapable d'exécuter ses projets sur la Turquie. — Elle est plus heureuse du côté de la Pologne. La vigueur du caractère polonais s'est en partie énervée, sous Auguste II et Auguste III. La Pologne reçoit un prince de la Russie, est abandonnée de la France, secourue sans succès, par la Turquie, et condamnée à garder sa constitution anarchique. Ceux qui étaient intéressés à son existence, la voyant perdue sans ressource, partagent avec la Russie. Ils acquièrent quelques provinces; mais ils introduisent la Russie jusqu'aux frontières de l'Allemagne.

1725-1727, CATHERINE Ire, veuve de Pierre *le Grand*. Ministère de Menzikoff. — 1727-1730, PIERRE II, petit-fils de Pierre *le Grand*, par son fils Alexis. Menzikoff renversé par Dolgorouki.—1730-1740, ANNE *Iwanowna*, nièce de Pierre *le Grand*, veuve du duc de Courlande. Crédit de Biren, de Munich, et d'autres étrangers. La Russie étend de nouveau son influence au-dehors. 1733, Affaires de Pologne. 1737, Biren, duc de Courlande. 1736, Les Russes s'allient avec Thamas-Kouli-Khan, contre les Turcs, dans le but de reprendre Azow, et de se rouvrir la mer Noire. 1737, L'Empereur s'allie aux Russes. Ceux-ci, sous Munich, prennent Azow, envahissent la Crimée, gagnent la bataille de Choczim, et s'emparent de la Moldavie; mais les Turcs chassent les Impériaux de la Valachie et de la Servie, et assiégent Belgrade. 1739, *Paix de Belgrade;* l'Autriche ne conserve que Témeswar, de toutes les conquêtes que lui avait assurées la paix de Passarowitz; la Russie rend aussi les siennes, et renonce à la navigation de la mer Noire.

1740-1741, IWAN VI, arrière-neveu de Pierre *le Grand,* fils d'Anne de Mecklenbourg, sous la régence de Biren, puis sous celle de sa mère. 1741, La Suède déclare la guerre à la Russie. — 1741-1762, ELISA-BETH, deuxième fille de Pierre *le Grand,* renverse le jeune Iwan. Expulsion des étrangers. 1741-1743, Les Suédois battus près de Villemanstrand, et forcés d'abandonner la Finlande. *Paix d'Abo* : une partie de la Finlande reste aux Russes. 1757-1762, Les Russes entrent dans la coalition européenne, contre le roi de Prusse. — 1762, PIERRE III, petit-fils de Pierre *le Grand,* par sa mère, Anne Petrowna, fils du duc de Holstein-Gottorp. Il s'allie avec la Prusse, et se prépare à attaquer le Danemarck, de concert avec Frédéric.

1762-1796, CATHERINE II détrône Pierre III. Caractère de cette princesse. Situation de la Pologne sous AUGUSTE III (1734-1763). 1764, STANISLAS PONIATOWSKI, élevé au trône de Pologne par l'influence de la Russie. 1768, Les *dissidens* rétablis dans leurs droits. Confédération de Bar.

La Porte se déclare contre la Russie. 1769-1770, Les Russes envahissent la Moldavie et la Valachie. Victoires du Pruth et du Kagul. La flotte russe pénètre dans la Méditerranée, soulève la Morée, et brûle la flotte turque dans l'Archipel. 1771, Dolgorouki envahit la Crimée. Intervention de l'Autriche. 1774, Les Turcs bloqués par Romanzow ; *Paix de Kaynardgi.* Les Tartares de Crimée sont reconnus indépendans ; la Russie rend ses conquêtes, excepté Azow et quelques places sur la mer Noire, et obtient la navigation libre dans les mers de la Turquie : l'Autriche obtient la Bukowine.

1773, *Premier démembrement de la Pologne.* La Russie, l'Autriche et la Prusse s'emparent des provinces limitrophes. — 1780, *Neutralité armée.* La Russie, à la tête des puissances du Nord, fait respecter son pavillon de l'Angleterre et de la France.— 1775, Réduction des Cosaques Zaporogues.

1784, La Russie réunit la Crimée à son empire du consentement de la Porte. 1787-1791, Guerre des Turcs contre les Russes. L'empereur Joseph II se déclare pour la Russie, le roi de Suède, Gustave III, pour la Porte. Ce dernier prince, attaqué par les Danois, alliés de la Russie, conclut la paix avec l'impératrice à Werela, 1790. Brillantes victoires des Russes sur les Turcs. 1791, *Paix de Szistowa* entre les Autrichiens et la Porte ; *Paix de Yassy* entre les Russes et la Porte : Joseph II rend ses conquêtes, mais le Dniester devient la frontière des empires de Russie et de Turquie.

1788, 1791, Nouvelle constitution de Pologne. 1793, *Second démembrement.* 1795, *Partage définitif de la Pologne* entre la Russie, l'Autriche et la Prusse. La Courlande se soumet à la Russie. [Révolutions de ce duché. 1737, Extinction de la maison des Kettlers, et avénement de BIREN. 1759, CHARLES de Saxe, fils d'Auguste III, roi de Pologne. 1762, Rétablissement de Biren. Son fils PIERRE, après vingt-cinq ans de règne, abdique en faveur de l'impératrice de Russie.]

1796 , Mort de Catherine *la Grande*. Sa brillante administration. Législation. Écoles. Fondation de Cherson , 1778 ; et d'Odessa , 1796. Manufactures. Commerce de caravanes avec la Perse et avec la Chine. Essor du commerce de la mer Noire. Entreprise d'un canal entre la Baltique et la Caspienne. Voyages de découvertes , etc.

§ II. *Suède et Danemarck*. — *Turquie*.

Suède. 1719, 1720-1751 , ULRIQUE ÉLÉONORE , sœur de Charles XII (au préjudice du duc de Holstein-Gottorp, fils d'une sœur aînée de ce prince) , et FRÉDÉRIC Ier, de Hesse-Cassel. Le gouvernement, monarchique de nom , devient aristocratique. Faiblesse du gouvernement. Les deux partis de la guerre et de la paix , de la France et de la Russie , *des Chapeaux et des Bonnets*.

1743 , Pour condition de la paix d'Abo , la Russie fait désigner à la succession de Suède Adolphe-Frédéric de Holstein-Gottorp, évêque de Lubeck (oncle du nouveau grand-duc de Russie), de préférence au prince royal de Danemarck , dont l'élection eût renouvelé l'ancienne union des trois royaumes du Nord. — 1751-1771 , ADOLPHE-FRÉDÉRIC II. Nouvel affaiblissement du pouvoir royal.

1771, GUSTAVE III. Caractère de ce prince. 1772, Rétablissement de l'autorité royale. La nouvelle constitution maintient tous les droits des états : mais le sénat n'est plus que le conseil du roi Vigueur du gouvernement. La Suède soustraite à l'influence de la

Russie, reprend son ancien système d'alliance avec la France et la Turquie. 1792, Assassinat de Gustave III.

Danemarck. Calme et bonheur au-dedans. Les révolutions du palais ne troublent point la nation. — Funeste rivalité de la branche régnante avec la branche de Holstein-Gottorp.

1730, Mort de FRÉDÉRIC IV. 1730-1746, CHRISTIERN VI. 1740, Acquisition du Sleswick. 1746-1766, FRÉDÉRIC V. 1762, Guerre imminente avec la Russie. 1767, Arrangement relatif au Sleswick et au Holstein. 1766, CHRISTIERN VII. Chute et exécution de Struensée. 1784-1808, Régence du prince royal, depuis FRÉDÉRIC VI.

Turquie. Elle n'a plus à craindre l'Empire. Elle oppose à la Russie une résistance inattendue; cependant la perte de la Crimée et l'établissement de la Russie sur la mer Noire, ouvrent la Turquie à toutes les attaques de son ennemi.

1703-1754, ACHMET III, MAHMOUD I. Guerres contre la Perse. 1721-1727, Les Turcs regagnent vers l'Orient ce qu'ils viennent de perdre du côté de l'Occident. 1730-1736, Thamas Kouli-Khan les dépouille de leurs conquêtes. Mais ils reprennent à l'Empereur les provinces qu'ils lui ont cédées par le traité de Passarowitz. 1743-1746, Nouvelle guerre désavantageuse contre Thamas-Kouli-Khan. — 1754-1789, OTHMAN III, MUSTAPHA III, ABDUL-HAMID. Guerres malheureuses contre la Russie.

FIN.

TABLE DES MATIÈRES

Du Tableau chronologique de l'Histoire moderne.

Pages.

PREMIÈRE PÉRIODE. — Depuis la chute de l'empire d'Orient jusqu'à la Réforme, 1453-1517... 1

CHAPITRE Ier. — Tableau de l'Europe, vers le milieu du XVe siècle........................ 2

CHAP. II. — Orient et Nord de l'Europe. [Turquie, 1453-1520; Hongrie, Bohême, Autriche, 1444-1516; Pologne, Prusse, 1444-1506; Russie, 1462-1505; Danemarck, Suède et Norwège, 1448-1513.]............................ 5

CHAP. III. — Espagne [1454-1515], et Portugal [1438-1521]. Histoire intérieure de la Péninsule. 10

CHAP. IV. — Des découvertes et colonies des modernes. — Découvertes et établissemens des Portugais dans les Deux-Indes [1412-1582]....... 12

CHAP. V. — Découvertes et conquêtes des Espagnols dans les Indes occidentales [1492-1550].. 16

CHAP. VI. — Angleterre [1450-1509], et Écosse [1437-1542]............................ 21

CHAP. VII. — La France, depuis l'expulsion des Anglais jusqu'à l'expédition de Charles VIII en Italie [1453-1494]....................... 25

CHAP. VIII. — L'Italie, depuis la paix de Lodi jusqu'à l'expédition de Charles VIII [1454-1494] 32

CHAP. IX. — La France et l'Italie pendant les règnes de Charles VIII et de Louis XII [1494-1515]..

SECONDE PÉRIODE. — De la Réforme au traité de
Westphalie, 1517-1648...................... 42
CHAP. X. — Charles-Quint, François Ier, et Soliman [1515-1566]...................... 43
CHAP. XI. —Premier Age de la Réforme. [Son
établissement en Allemagne et dans plusieurs
autres pays. Sa première lutte contre la maison
d'Autriche, 1517-1558].................. 49
CHAP. XII. — Second Age de la Réforme. [És-
pagne et Pays-Bas, 1555-1648; France, 1547-
1610; Angleterre et Écosse, 1558-1603].... 55
CHAP. XIII.—Troisième Age de la Réforme [Révo-
lution d'Angleterre, 1603 - 1649. Guerre de
Trente Ans; Événemens qui l'ont préparée,
1555-1648].......................... 67
CHAP. XIV. — États orientaux. [Turquie et
Hongrie, 1566-1648; Pologne et Russie, 1505-
1648.] Guerres générales de l'Orient et du Nord. 80
CHAP. XV. — Des lettres, des arts et des sciences,
dans le XVIe siècle. Léon X et François Ier.. 85

TROISIÈME PÉRIODE. —Du traité du Westphalie
à la révolution française, 1648-1789.......... 90

Première partie de la troisième Période
[1648-1715].

CHAP. XVI. — Louis XIV [1643-1715]. Événe-
mens politiques de son règne. Son administration. 95
CHAP. XVII. — Des lettres, des arts et des sciences
au siècle de Louis XIV 100
CHAP. XVIII. —Révolutions de l'Angleterre et des
Provinces-Unies [1648-1715]. — Colonies des
Européens pendant le XVIIe siècle........... 111

Chap. XIX.—États méridionaux. Empire d'Allemagne [1648-1715]...................... 116

Chap. XX.—États du Nord. Charles XII et Pierre-le-Grand [1648-1725]................... 122

Seconde partie de la troisième Période
[1715-1789].

Chap. XXI. — État de l'Occident après la paix d'Utrecht et la mort de Louis XIV. Guerres et négociations relatives à la succession d'Espagne [1715-1738]........................... 128

Chap. XXII. —Guerre de la succession d'Autriche [1741-1748], et Guerre de Sept Ans [1756-1763]................................. 135

Chap. XXIII. — Colonies des Européens pendant le XVIIIᵉ siècle........................ 140

Chap. XXIV.—Histoire intérieure des états Occidentaux [1715-1789].................. 146

Chap. XXV et dernier. —États du Nord et de l'Orient [1725-1789].................... 151

FIN DE LA TABLE DES MATIÈRES

QUESTIONS

SUR

LHISTOIRE MODERNE,

POUR LE CONCOURS GÉNÉRAL.

PREMIÈRE SÉRIE.

1. Tableau général de l'Europe, vers l'an 1453. *V. P.* 2. du Tableau

2. De l'Aragon, de la Castille et de la Navarre, depuis 1453, jusqu'a la mort de Ferdinand le Catholique. (L'histoire extérieure
de l'Espagne n'est pas comprise dans cette question.)   10

3- De l'Angleterre, depuis 1450, jusqu'à la bataille de Teukesbury
inclusivement.   21

4. De l'Angleterre, depuis la bataille de Teukesbury jusqu'à la bataille de Bosworth inclusivement.   23

5 De la France sous Louis XI, depuis la conclusion des traités de
Couflans et de Saint-Maur, jusqu'à la rupture du traité de Péronne inclusivement.   25

7 De la France sous Louis XI, depuis la rupture du traité de
Péronne, jusqu'à la mort de Charles le Téméraire.   28

8. De la France, depuis la mort de Charles le Téméraire, jusqu'à la
mort de Louis XI.   29

9 De l'Italie, depuis 1453, jusqu'à la mort de Laurent de Médicis
et l'avénement d'Alexandre VI.   32

10. Principaux événemens de l'histoire de Danemarck, de Suède, de
Norwège, de Russie, de Pologne et de Hongrie, dans la seconde moitié du XVe siècle.   7-10

11. Des découvertes maritimes de Portugais, jusqu'à l'expédition de
Vasco de Gama, en 1498, inclusivement.   14

12. Des établiszemens portugais dans les Deux-Indes, depuis l'expédition de Gama, en 1498, jusqu'à la conquête du Portugal
par Philippe II inclusivement.   Pag. 15

13. De Christophe Colomb, et de son premier voyage au Nouveau-
Monde.   16

14. Du Nouveau-Monde, depuis la découverte d'Haïti par Christophe
Colomb, jusqu'à la mort de ce navigateur.   17

15. Du Nouveau-Monde, depuis la mort de Christophe Colomb,
jusqu'à la conquête du Mexique inclusivemens.   *Id.*

16. Des établissemens espagnols dans le Nouveau-Monde, depuis la
conquête du Mexique, jusqu'à la mort de Philippe II.   18

17. Etat de la France, depuis l'avénement de Charles VIII, jusqu'à
son expédition d'Italie exclusivement.   31

18. Etat de l'Italie en 1494. Expédition de Charles VIII en ce
pays.   35-36

19. De la France et de l'Italie, depuis la mort de Charles VIII, jusqu'à la mort du pape Alexandre VI.   37

20. De la France et de l'Italie, depuis la mort du pape Alexandre VI,
jusqu'à la conclusion de la ligue de Cambrai.   38

21. De la France et de l'Italie, depuis la conclusion de la ligue de
Cambrai, jusqu'à la bataille de Ravennes inclusivement.   39

22. De la France et de l'Italie, depuis la bataille de Ravennes, jusqu'à
la mort de Louis XII. Gouvernement de ce prince.   40

23. De François Ier jusqu'à la mort de l'empereur Maximilien Ier.   45

24. De François Ier, et de Charles-Quint, depuis la mort de l'empereur Maximilien Ier, jusqu'au traité de Windsor, entre Charles-
Quint et Henri-VIII.   *Id.*

25. De François Ier et de Charles-Quint, depuis le traité de Windsor, entre Charles-Quint et Henri VIII, jusqu'à la bataille de
Pavie inclusivement.   *Id.*

26. De François Ier et de Charles-Quint, depuis la bataille de Pavie,
jusqu'au traité de Cambrai inclusivement.   46

27. De François Ier. et de Charles-Quint, depuis le traité de Cambrai, jusqu'à la trève de Nice, inclusivement.   *Id.*

28. De François Ier. et de Charles-Quint, depuis la trève de Nice,
jusqu'à la mort de François Ier.   *Id.*

29. Etat des sciences, des lettres et des arts, en Italie et en France
sous les Médicis et sous François Ier.   85

30. Récapitulation : changemens survenus dans la constitution, dans

le gouvernement, ou dans la puissance des principaux états d'Italie, depuis l'entrée de Charles VIII en ce pays, jusqu'à la mort de Charles-Quint.   .   47

31. De la religion en Europe, depuis la fin du concile de Bâle, jusqu'au moment où Luther s'érigea en réformateur.   '   49

32. Du luthéranisme, depuis son origine, jusqu'à la diète de Spire en 1529 inclusivement.   ***Id.***

33. Du luthéranisme, depuis la diète de Spire en 1529 jusqu'à la mort de Luther.   50

34. Guerres de religion en Allemagne, depuis la mort de Luther, jusqu'à la paix d'Augsbourg en 1555 inclusivement.

35. De l'Angleterre, depuis la bataille de Bosworth, jusqu'au divorce de Henri VIII avec Catherine d'Aragon inclusivement.   23–52

36. De l'Angleterre, depuis le divorce de Henri VIII avec Catherine d'Aragon, jusqu'à la mort de Henri VIII.   53

37. De l'Angleterre, depuis la mort de Henri VIII, jusqu'à l'avénement d'Elisabeth.   ***Id.***

38 Du Danemark et de la Suède, depuis l'avénement de Christian II, jusqu'à sa déposition et au couronnement de Gustave Wasa inclusivement.   54

39. Du Danemark et de la Suède, depuis la déposition de Christian II, et le couronnement de Gustave Wasa, jusqu'à la paix de Stetten inclusivement. De la Pologne, depuis la paix de Thorn, jusqu'à l'élection de Henri de Valois.   '54–82

40. Des chevaliers Teutoniques, depuis l'élection d'Albert de Brandebourg, jusqu'à l'élection de Walter de Cromberg. Des chevaliers Porte Glaives, sous Walter de Plettenberg, et sous Gotthard Kettler. De la Russie, depuis la découverte de la Sibérie, jusqu'à la mort de Michel Federowitz, 1645.   82

DEUXIÈME SÉRIE.

1. De l'empire Ottoman, depuis la prise de Constantinople par Mahomet II, jusqu'à la mort de Soliman le Grand.   5–48

2. De l'empire Ottoman, depuis la mort de Soliman le Grand, usqu'à la mort d'Ibrahim Ier. en 1648. De la Hongrie, depuis a mort de Mathias Corvin, jusqu'à la diète de Presbourg en 1647 inclusivement.   80

3. De l'histoire intérieure du Portugal, depuis la mort de Jean II, jusqu'à l'avénement de Jean de Bragance. (L'histoire des colo·

nies portugaises pendant le même tems et le sujet d'une autre question.) pag. 12

4. Des Pays-Bas, depuis la mort de Charles le Téméraire, jusqu'au supplice du comte d'Egmont inclusivement. 56

5. Des Pays-bas depuis le supplice du comte d'Egmont, jusqu'à la mort de don Juan d'Autriche. 57

6. Des Pays-Bas, depuis la mort de don Juan d'Autriche, jusqu'à la mort de Philippe II. 58

7. De la république de Hollande, depuis la mort de Philippe II, jusqu'à la paix de Munster. Des colonies hollandaises, espagnoles et portugaises, depuis la mort de Philipppe II, jusqu'en 1648. 58-65

8. De la France, sons Henri II et François II. 60

9. De la France, sous Charles IX, jusqu'à la bataille de Saint-Denis inclusivement. *Id.*

10. De la France, sous Charles IX, depuis la bataille de Saint-Denis, jusqu'à la Saint-Barthélemy inclusivement. 61

11. De la France, depuis la Saint-Barthélemy, jusqu'à l'origine de la faction des Seize inclusivement. *Id.*

12. De la France depuis l'origine de la faction des Seize, jusqu'à l'assassinat de Henri III inclusivement. *Id.*

13. De la France, depuis l'assassinat de Henri III, jusqu'à l'entrée de Henri IV dans Paris. 62

14. De la France, depuis l'entrée de Henri IV dans Paris, jusqu'à la paix de Vervins inclusivement. *Id.*

15. De la France, depuis la paix de Vervins, jusqu'à l'assasinat de Henri IV. *Id.*

16. De l'administration de Henri IV et de Sully. Commencement des colonies françaises. 63.

17. De l'Angleterre et de l'Écosse, depuis l'avénement d'Élisabeth, jusqu'à la fuite de Marie Stuart en Angleterre. *Id.*

18. De Marie Stuart et d'Élisabeth, depuis la fuite de Marie Stuart en Angleterre, jusqu'à sa mort. 64

19. De l'Angleterre, depuis la mort de Marie Stuart, jusqu'à la mort d'Élisabeth. Gouvernement de cette princesse, expéditions maritimes entreprises sous son règne. *Id.*

20. De l'Angleterre, depuis la mort d'Élisabeth, jusqu'à la mort de Jacques Ier. 68

21. De l'Angleterre, depuis la mort de Jacques Ier, jusqu'au *Covenan* d'Écosse inclusivement.   pag. 69

22. De l'Angleterre, depuis le *covenant* d'Écosse, jusqu'au commencement de la guerre entre Charles Ier et le parlement.   *Id.*

23. De l'Angleterre, depuis le commencement de la guerre entre le roi Charles Ier et le parlement, jusqu'à la mort de Charles. *Id.*

24. Du Danemarck, depuis la paix de Stettin, jusqu'à l'entrée de Chistian IV en Allemagne. De la Suède, depuis la paix de Stettin, jusqu'à l'entrée de Gustave Adophe en Allemagne. De la Pologne, depuis l'élection de Henri de Valois, jusqu'à l'avénement de Jean Casimir, en 1648. De la Prusse, depuis le traité de Cracovie, jusqu'à la mort de Jean Sigismond.   72-82

25. De la France, depuis la mort de Henri IV, jusqu'à la mort du connétable de Luynes.   70

26. De la France, depuis la mort du connétable de Luynes, jusqu'à la déclaration de la guerre à l'Espagne, en 1635.   71

27. Idée générale de l'état politique et religieux de l'Allemagne, depuis la paix d'Augsbourg, en 1555, jusqu'à la mort de Jean Guillaume, dernier duc de Julliers.   73

27. De l'Allemagne, depuis la mort de Jean Guillaume, dernier duc de Juliers, jusqu'à la mort de l'empereur Mathias.   74

29. Tableau de l'Europe, à l'époque où éclata la guerre de Trente Ans.   76

30. Période palatine de la guerre de Trente Ans.   *Id.*

31. Période danoise de la guerre de Trente Ans.   *Id.*

32. De la guerre de Trente Ans, depuis la diète de Ratisbonne, en 1630, jusqu'à la mort de Gustave Adolphe.   77

33. De la guerre de Trente Ans, depuis la mort de Gustave Adolphe, jusqu'aux traités de Paris et de Compiègne, en 1635, inclusivement.

34. De la guerre de Trente Ans, depuis les traités de Paris et de Compiègne, en 1635, jusqu'à la mort de Richelieu.   78

35. De la guerre de Trente Ans, depuis la mort de Richelieu, jusqu'au traité de Westphalie inclusivement.   79

36. Du traité de Westphalie.   *Id.*

TROISIÈME SÉRIE.

1. Minorité de Louis XIV. Guerre de la Fronde.   93

2. De la France, depuis la fin de la Fronde, jusqu'à la mort de Mazarin.   94

3. De la France, depuis la mort de Mazarin, jusqu'à la paix d'Aix-la-Chapelle inclusivement. Pag 94

4. De la France, depuis la paix d'Aix-la-Chapelle, jusqu'à la mort de Turenne. 95

5. De la France, depuis la mort de Turenne, jusqu'à la trève de Ra tisbonne, en 1684, inclusivement. Id.

6. De la France, depuis la trève de Ratisbonne (1684), jusqu'aux batailles de Nerwinden et de Marsaille (1693) inclusivement. 96

7. De la France, depuis les batailles de Nerwinden et de Marsaille, jusqu'à l'avénement de Philippe d'Anjou au trône d'Espagne. 97

8. De la France, depuis l'avénement de Philippe d'Anjou au trône d'Espagne, jusqu'à la bataille d'Almanza inclusivement. Id.

9. De la France, depuis la bataille d'Almanza, jusqu'à la mort de Louis XIV. 98

10. Du commerce, de la marine, des colonies françaises, de l'art militaire, sous Louis XIV. 99

11. De la religion, des lois, des lettres et des arts en France, sous Louis XIV. 100

12. De l'Angleterre, depuis le supplice de Charles Ier, jusqu'à la mort de Cromwell. 111

13. De l'Angleterre, depuis la mort de Cromwell, jusqu'à la mort de Charles II. 112

14. De l'Angleterre, depuis la mort de Charles II, jusqu'à la mort de Guillaume III. Id.

15. De l'Angleterre, depuis la mort de Guillaume III, jusqu'à l'avénement de George Ier. 113

16. Des colonies anglaises, depuis la mort d'Elisabeth, jusqu'à la réunion des deux compagnies des Indes, en 1702, inclusivement. 114

17. Des Provinces-Unies, depuis le traité de Westphalie, jusqu'au traité de la Barriere inclusivement. Des colonies hollandaises durant le même tems. 113-114

18. De la Suède, depuis le traité de Westphalie, jusqu'à l'avénement de Charles XII. Du Danemarck, depuis la mort de Christian IV (1648), jusqu'à l'avénement de Frédéric IV, en 1699. De la Pologne, depuis l'avénement de Jean Casimir, jusqu'à l'avénement de Frédéric Auguste II De la Russie, depuis la mort de Michel Federowitz, jusqu'à l'origine de la guerre entre Pierre Ier et Charles XII. 123

19. De la Suède, du Danemarck, de la Pologne et de la Russie, depuis l'avénement de Charles XII, jusqu'à la bataille de Pultawa inclusivement. Pag. 126

20. De l'empire Ottoman, depuis la mort d'Ibrahim Ier, jusqu'à la paix de Carlowitz (1699) inclusivement. 120

21. Guerres des Turcs contre les Impériaux et les Russes, depuis la paix de Carlowitz, jusqu'à la paix de Belgrade; contre les Perses, depuis l'invasion de la Perse, sous Achmet III en 1721, jusqu'à la mort de Thomas Kouli-Kan (1747). 121-156

22. Guerres des Russes contre les Turcs, les Suédois, les Prussiens, et révolutions intérieures de la Russie, depuis la paix de Belgrade, jusqu'au détronement de Pierre III (1762), inclusivement. 152

23. De la Suède, depuis la bataille de Pultawa, jusqu'à la révolution de 1772. Du Danemarck, depuis l'avénement de Frédéric IV, jusqu'à la convention de Copenhague (1767), inclusiv. 127-155

24. De la Pologne, depuis la bataille de Pultawa, jusqu'au premier démembrement inclusivement. De la Courlande, depuis Gotthard Kettler, jusqu'au rétablissement d'Ernest de Biren inclusivement. 155-154

25. De la maison d'Autriche et de la Hongrie, depuis la diète de Preshourg (1647), jusqu'à la pacification de Szathmar (171 inclusivement. État de l'Italie, depuis le traité de Westph jusqu'à l'élévation de la maison de Savoie à la royauté. 116-118

26. Révolutions dans la constitution ou dans la puissance des divers électorats composant le corps germanique, depuis le traité de Westphalie, jusqu'à l'avénement de Charles VI. 118

27. État de l'Angleterre, de l'Espagne, de l'Autriche, et principalement de la France, depuis la conclusion jusqu'à l'infraction de la paix d'Utrecht. 128

28. De la France, de l'Angleterre, de l'Espagne et de l'Autriche, depuis l'infraction de la paix d'Utrecht, jusqu'aux alliances de Vienne et de Hanovre inclusivement. 130

29. État politique de l'Europe, depuis les alliances de Vienne et de Hanovre, jusqu'au traité de Vienne (1731) inclusivement. 131

30. De la France et de l'Autriche, depuis la mort d'Auguste II, roi de Pologne, jusqu'à la paix de Vienne (1738) inclusivement.132

31. Guerre de la succession d'Autriche, depuis la mort de Charles VI, jusqu'à la paix de Berlin (1742) inclusivement. 133

32. Suite de la guerre pour la succession d'Autriche, depuis la paix de Berlin, jusqu'a l'union de Francfort inclusivement.   135

33. Suite de la guerre pour la succession d'Autriche, depuis l'union de Francfort, jusqu'à la bataille de Raucoux inclusivement 136

34. Suite de la guerre pour la succession d'Autriche, depuis la bataille de Raucoux, jusqu'à la paix d'Aix-la-Chapelle inclusivement *Id.*

35. De la guerre de Sept Ans, depuis l'invasion de la Saxe par Frédéric II, jusqu'à la bataille de Rosback, inclusivement.   137

36. De la guerre de Sept Ans, depuis la bataille de Rosback, jusqu'a la paix de Hubersthourg. Du caractere et de la politique de Frédéric le Grand.   139

37. De la situation intérieure de l'Angleterre, depuis l'avénement de Georges Ier, jusqu'a l'avénement de Georges III (1760).   149

38. De la situation interieure de la France, depuis la mort de Louis XIV, jusqu'a la paix d'Aix-la-Chapelle.   146

39. Des colonies anglaises et françaises, depuis l'avenement de Georges Ier et la mort de Louis XIV, jusqu'au traité d'Aix-la-Chapelle inclusivement.   140

40. Démêlés et guerres maritimes entre la France et l'Angleterre, depuis la paix d'Aix-la-Chapelle, jusqu'au traité de Paris (1763).   143

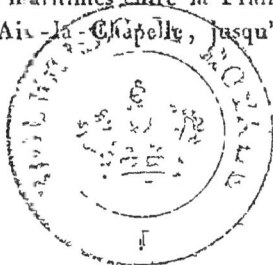

* 9 7 8 2 0 1 2 1 6 7 3 2 2 *